Marc Böhmann / Regine Schäfer-Munro

Das kleine 1×1 des Unterrichtens

Beltz Pocket wird herausgegeben von
Jürgen Schließzeit

Dieses Buch basiert auf
Marc Böhmann/Regine Schäfer-Munro: Kursbuch
Schulpraktikum. Beltz Verlag, 2. Auflage 2008.

Aus Gründen der besseren Lesbarkeit verwenden wir in
diesem Buch nicht nur geschlechtsneutrale Formulierungen
wie »Mentor/innen«, sondern auch »der Mentor« und
»die Mentorin« gleichberechtigt nebeneinander.

Lektorat: Cornelia Klein

© 2012 Beltz Verlag • Weinheim und Basel
www.beltz.de
Herstellung und Satz: Sarah Veith
Innengestaltung: Sarah Veith
Umschlagkonzept und -gestaltung: Sarah Veith
Umschlagabbildung: Oliver Melzer
Druck: Beltz Druckpartner GmbH & Co. KG, Hemsbach
Printed in Germany

ISBN 978-3-407-62801-5

Inhaltsverzeichnis

Unterricht planen – ein komplexes
Geschäft   06

Planungsarten   06

Bausteine der Unterrichtsplanung   07

Analyse der Klassensituation   08

Analyse der fachspezifischen
Lernvoraussetzungen   11

Sachanalyse   13

Lehrpläne – wichtige Hilfsmittel,
aber keine Bibeln   15

Didaktische Analyse – die begründete
Auswahl der Lerninhalte   17

Lernziele formulieren   19

Unterrichtsphasen konzipieren   24

Methodeneinsatz wählen   27

Medien auswählen   30

Differenzierungsmöglichkeiten erkunden
und planen   32

Eventualitäten miteinbeziehen   37

Lernzielkontrollen einbauen   39

Einen Verlaufsplan erstellen   40

Unterricht durchführen – eine riesige Herausforderung 44

Der Unterschied zwischen Planung und Durchführung 44

Einige goldene Regeln für Ihre Unterrichtsgestaltung 46

Körpersprache im Unterricht 48

Blickkontakt 50

Körperstellung im Unterricht 52

Mimik und Gestik 55

Kleidung und äußere Erscheinung 57

Die Sprache des Lehrers 59

Unterricht differenzieren und öffnen 63

Frontalunterricht sinnvoll einsetzen 63

Offener Unterricht – was ist das eigentlich genau? 66

Mögliche Schwierigkeiten 70

Wann und warum
Hausaufgaben geben?   74

Ohne Beziehung keine Erziehung
und keine Lernprozesse   78

Schüler/innen als Quelle von
Be- und Entlastung   79

Loben und Strafen   81

Streitschlichter – Modelle zur
Konfliktlösung   82

Unterrichtsstörungen gehören
zum Unterricht   84

Unterrichtsstörungen: Kernaspekt
der kritisch-kommunikativen Didaktik   84

Was sind Unterrichtsstörungen?   86

Wie intervenieren?   88

Umgang mit häufig störenden
Schüler/innen   92

5

Unterricht planen – ein komplexes Geschäft

Planungsarten

Unterrichtsplanung vollzieht sich auf verschiedenen Ebenen:

+ Stoffverteilungspläne für Schulhalbjahre erstellen
+ Unterrichtseinheiten planen
+ Unterrichtswochen und -tage planen
+ einzelne Unterrichtsstunden planen

Stoffverteilung Stoffverteilungspläne geben grob den Inhalt und die wichtigsten Lernziele und Arbeitsformen über einen längeren Zeitraum wieder. Sie sind das Raster für die Verteilung der einzelnen Themen und Projekte über das ganze Schuljahr. In der Regel müssen Lehrer/innen bei der Schulleitung jährliche bzw. halbjährliche Stoffverteilungspläne abgeben.

Unterrichtseinheiten Unterrichtseinheiten gehen über mehrere Unterrichtsstunden, oft auch Wochen. Hier planen Sie schon etwas genauer, wann welches Thema ansteht, was die Schüler/innen wie und mit welchen Hilfsmitteln lernen sollen und welche fächerübergreifenden Bezüge Sie herstellen können. Oft werden im Kollegium diese fächerübergreifenden Aspekte gemeinsam vereinbart – auch aus organisatorischen Gründen. Falls das nicht der Fall ist, ergreifen Sie am besten selbst die Initiative und machen Sie Vorschläge für eine Zusammenarbeit.

Planung Notwendig ist auch, die einzelnen Unterrichtswochen und -tage vorzuplanen, um zum Beispiel zu vermeiden, dass sich besondere Termine der Klasse, Klassenarbeiten, der Museumsbesuch, die Erkundung der Post oder der Besuch des zahngesundheitlichen Dienstes, überschneiden. Unterrichtsplanung ist auch endlich. Effizient planen heißt deshalb auch, sich je nach Woche und Tag unterschiedliche Schwerpunkte zu setzen und andere Fächer oder Verpflichtungen eher nebenher laufen zu lassen, um nicht in Arbeit zu ersticken. Und für die Schüler/innen ist der Wechsel von hoher Anspannung und Entspannung ebenso wichtig wie für Sie.

Bausteine der Unterrichtsplanung

Systematisch lassen sich folgende elf Bausteine der Unterrichtsplanung unterscheiden:
+ Klassensituation analysieren
+ fachspezifische Lernvoraussetzungen analysieren
+ Sachanalyse
+ didaktische Analyse
+ Lernziele formulieren
+ Unterrichtsphasen konzipieren
+ Methodeneinsatz wählen
+ Medien auswählen
+ Eventualitäten miteinbeziehen
+ Lernzielkontrollen einbauen
+ einen Verlaufsplan erstellen

Analyse der Klassensituation

Reflexion Der erste Baustein zur Unterrichtsplanung ist die Analyse der Klassensituation, d.h. der äußeren und inneren Rahmenbedingungen für den geplanten Unterricht. Nur wer seine Schüler/innen gut kennt, kann einen Unterricht planen, der ihrem Leistungsniveau, ihren Interessen und Bedürfnissen entspricht. Dabei geht es darum, die Situation der Klasse insgesamt, die der einzelnen Schülerinnen und Schüler und auch Ihre eigene Rolle in der Klasse zu reflektieren.

Wichtige Aspekte sind in der Übersicht auf Seite 9/10 aufgegliedert. Dieser Katalog ist nicht erschöpfend gemeint. Vielleicht sind für Ihre konkret zu planende Stunde einige Aspekte völlig irrelevant, während andere Aspekte hier gar nicht aufgeführt sind.

Beispiel Um es an einem Beispiel zu illustrieren: Die *Analyse des Klassenklimas* bzw. der *Unterrichtskommunikation* kann für bestimmte Stunden zentral, für andere mag sie nicht so wichtig sein. Mit der Analyse der Unterrichtskommunikation wird deutlich, dass die Lehrerin bzw. der Lehrer Teil des kommunikativen Geschehens ist und so auch zur Lerngruppe gehört. Aus konstruktivistischer und phänomenologischer Sicht kann ein Lehrer seine Schüler/innen nicht als Objekte aus einer objektiven Beobachterperspektive beschreiben, sondern ist immer Teil eines situierten Prozesses.

Situation der Klasse	Situation der Schule	Situation des Lehrers
Klasse/Kurs	Schulname	Geschlecht
Anzahl der Schüler/innen	Schulart/Schulform	Alter
Geschlecht	Schulprofil	Biografie
Alter	Schwerpunkte	Ausbildungsstand
Entwicklungsstand (entwicklungs-psychologisch begründet)	besondere Angebote	Bezug zum Fach bzw. Thema
Schüler/innen mit Migrationshintergrund	Einzugsbereich	Motivation
Konfession	soziale Schichtung	besondere Interessen
»Biografie« der Klasse	Besonderheiten des Schulortes	Mitarbeit in Stufenteams o. Ä.
Sitzordnung	sonstiges Schulangebot im Ort bzw. Schulbezirk	Sachkompetenz
Klassenklima/Unterrichtskommunikation	Lehrerkollegium: Größe, Geschlechterverhältnis, Alter, Teilzeitkräfte, Referendar/innen	Lehrstil

Situation der Klasse	Situation der Schule	Situation des Lehrers
Gruppenstruktur: Gruppenbildung, mögliche Anführer, Mitläufer, Außenseiter	Geltende Lehrpläne, Arbeitsvorgaben, Verordnungen, v. a. bezüglich der Zahl der Klassenarbeiten und der Benotung	erzieherische Grundhaltungen
Verhaltensproblematische Schüler/innen	spezielle Beschlusslagen der Fachkonferenzen	mögliche »Lieblingsschüler/innen« bzw. wenig geschätzte Schüler/innen
Ausstattung und Gestaltung des Klassenraums	Ausstattung mit Lehr- und Lernmitteln	subjektive Theorien bezüglich des Erziehungsstils
allgemeine Arbeitshaltung und Lernmotivation		subjektive Theorien bezüglich des Unterrichtsthemas
Ort der Stunde im Stundenplan der Klasse		
benutzte Lehr- und Lernmittel (Schul-bücher, Arbeitshefte, …)		

»Problemfälle« Darüber hinaus hat die Benennung von »Problemschüler/innen« in einem schriftlichen Entwurf Konsequenzen. Zum einen müssten Sie präzisieren und belegen, inwiefern bzw. auf welchen Ebenen Sie das unterrichtliche Verhalten eines Schülers als »problematisch« empfinden.

+ Verhalten: Ist er aufsässig? Oder stört er permanent?
+ Arbeitsverhalten: Ist er ständig abgelenkt oder träumt vor sich hin, sodass viele Arbeitsaufträge des Lehrers an ihm vorbeirauschen?
+ Sozialverhalten: Ist sein Sozialverhalten problematisch? Kann er nicht andere Meinungen gelten lassen?
+ Lernverhalten: Fehlen ihm basale Kompetenzen zur erfolgreichen Teilnahme am Unterricht?

So oder so: Wenn Sie in der Analyse bestimmte Schüler/innen als problematisch identifizieren, ist es unumgänglich, daraus in der Planung des Unterrichts Konsequenzen zu ziehen, damit auch sie die Lernziele zumindest ansatzweise erreichen können. Damit sind vor allem auch Fragen der inneren Differenzierung angesprochen.

Analyse der fachspezifischen Lernvoraussetzungen

Die Analyse der Lernvoraussetzungen ist als ein Baustein der Rahmenbedingungen zu sehen, bedarf aber gezielterer Reflexion. Denn: Jeder Unterricht vollzieht sich als Auseinandersetzung mit konkreten Inhalten. Insofern ist es unumgänglich, dass Sie mit Ihrem zu planenden Unterricht an den Lernvoraussetzungen der Schüler/innen anknüpfen. Dies bedeutet, mitunter genau hinzuschauen und zu eruieren, was die Schüler/innen bereits an Inhalten und Lernmethoden kennen und können. Zur Orientierung können folgende Analyseaspekte dienen:

Fachliche Lernvoraussetzungen

+ allgemeiner Leistungsstand im jeweiligen Schulfach gemäß Lehrplan
+ realer, beobachtbarer bzw. indirekt erschlossener Leistungsstand im jeweiligen Schulfach
+ vorangegangener Unterricht
+ fachspezifische Arbeitshaltung und Lernmotivation
+ Vorwissen
+ Streuung des Vorwissens: leistungsstarke vs. leistungsschwache Schüler/innen
+ außerschulische Vorerfahrungen mit dem Thema
+ Einschätzung der emotionalen Betroffenheit
+ benutzte Lehrwerke im Unterricht des jeweiligen Faches

Methodische Lernvoraussetzungen

+ Kenntnis bestimmter Unterrichtsformen und Methoden aus dem jeweiligen Fach
+ Kenntnis bestimmter Unterrichtsformen und Methoden aus anderen Fächern
+ Erfahrung mit bestimmten Unterrichtsformen und Methoden
+ Akzeptanz bzw. Motivation im Umgang mit bestimmten Sozialformen und Methoden
+ Streuung der methodischen Lernvoraussetzungen

Sachanalyse

»Worum geht es überhaupt in meiner Stunde?« – eine scheinbar banale Frage, die aber, je mehr man sich mit ihr befasst, immer komplizierter werden kann. Aufgabe der Sachanalyse ist es, die sachliche Struktur des Unterrichtsgegenstandes, der Inhalte, offenzulegen. Unstrittig ist: Je gründlicher ein Unterrichtsgegenstand analysiert und erörtert wird, desto besser lässt er sich für den Unterricht didaktisch modellieren. Uneinigkeit besteht dagegen bei der Frage, ob der Gegenstand rein mit fachwissenschaftlichen Methoden unabhängig von fachdidaktischen Entscheidungen und Problemen analysiert werden kann.

Erkenntnistheorie Erkenntnistheoretisch muss die Antwort »Nein« lauten, denn eine interessenfreie, objektive wissenschaftliche Analyse eines Gegenstandes kann es nicht geben. Bei der Vorbereitung von Unterricht sind die didaktischen Interessen derartig stark, dass es Augenwischerei wäre, wenn man sie leugnen würde. Bereits die Auswahl eines Textes oder eines anderen Gegenstandes stellt eine zentrale didaktische Entscheidung dar. Die fachwissenschaftliche Beschäftigung mit dem Gegenstand ist dieser ersten didaktischen Entscheidung nachgeordnet und beeinflusst die Analyse, deren Ziel es ist, die im Gegenstand liegenden Bezüge für mögliche Lern- und Erkenntnisprozesse aufzudecken. Die Ergebnisse der fachlichen Analyse beeinflussen und modifizieren also wiederum didaktische Entscheidungen. Dieser spiralförmige Prozess ist im Kern didaktisch, da fachwissenschaftliche Befunde letztlich immer didaktischen Entscheidungen dienen: Man wird sich bei der Analyse nicht auf fachliche Details kaprizieren, die für die Stundenplanung abwegig wären. Dennoch hat die »Sachanalyse« ihren Wert.

Unterrichtsinhalte Dass bestimmte Inhalte überhaupt im Unterricht behandelt werden, ist – Sie wissen das natürlich – keineswegs zufällig oder gottgegeben. Es stellt den Schlusspunkt einer Reihe von Entscheidungen der Lehrplankommissionen und der Lehrer/innen dar. Es gibt Inhalte, die deshalb im Unterricht behandelt werden, weil sie traditionelle Bildungsbausteine darstellen (z. B. Goethes »Faust«). Andere Inhalte sind der Aktualität geschuldet (z. B. Gentechnik, Atomenergie, der Klimawandel, Globalisierung). Wieder andere haben im Laufe der Geschichte eine gravierende Veränderung erfahren (z. B. Elektrotechnik) oder werden nur deshalb behandelt, weil sie in vielen Schulbüchern zu finden sind. Manche Inhalte sind verpflichtend, andere sind als »Wahlpflichtinhalte« gekennzeichnet, andere Inhalte haben einen fakultativen Status, können also auch weggelassen werden.

Anregungen Die Wissensforschung hat vielfältig belegt, dass sich gegenwärtig das Wissen, das die Menschheit anhäuft, in etwa zehn Jahren verdoppelt. Das heißt natürlich auch, dass jede Gesellschaft umso mehr auswählen muss, welchen Inhalt Kinder und Jugendliche in der Schule begegnen sollen.

Wenn es bei der Planung einer Stunde oder Unterrichtseinheit darum geht, die Sachstruktur des Inhalts zu klären, so stehen Sie vor der Aufgabe, die inhaltliche Auswahl des Lehrplans quasi noch einmal nachzuvollziehen und sich einerseits klarzumachen, aus welchen einzelnen Bestandteilen ein Inhalt besteht, wie diese Bestandteile zusammenhängen und wie das Ganze mit anderen Inhalten verknüpft ist. Als Richtschnur könnte gelten: Sie müssen den ganzen Arm kennen, um eine Stunde zum kleinen Finger zu halten. Und dies nicht nur, um Schülerbeiträge einordnen zu können oder als richtig bzw. falsch zu werten, sondern vor allem, um Bezüge zwischen dem Ganzen und dem exemplarischen Thema zu sehen bzw. in der Planung und dem Unterrichtsgeschehen herzustellen.

Lehrpläne – wichtige Hilfsmittel, aber keine Bibeln

Der Umfang dessen, was die Lehrpläne Ihres Bundeslandes für die jeweiligen Klassenstufen als verpflichtenden Lernstoff vorgeben, unterscheidet sich zuweilen beträchtlich. Dennoch: Lehrpläne bieten einen unverzichtbaren und auch notwendigen Rahmen für Ihre Unterrichtsplanungen. Und neben der Auflistung von verpflichtenden Lehrinhalten findet man in ihnen auch zahlreiche Hinweise für eine effiziente und anregungsreiche Unterrichtsgestaltung. Alle Lehrpläne sehen auch einen mehr oder weniger großen Spielraum zur eigenen Schwerpunktsetzung vor.

Unterstützung Wie Lehrpläne leisten auch die Schulbücher wertvolle Unterstützung bei der Planung und Durchführung von Unterricht. Viele Lehrer/innen nehmen zur Unterrichtsplanung mehrere Schulbücher unterschiedlicher Verlage nebst Lehrerbegleitbücher zur Hand und stellen sich so ihre Inhalte, Methoden und Lernmittel zusammen.

Dabei sollten Sie immer bedenken, dass allein die Tatsache, dass ein Inhalt oder ein Text oder eine Aufgabe im Lehrplan oder in einem Schulbuch steht, noch kein Qualitätskriterium ist. Immer sollten Sie versuchen, die Anregungen aus anderen Quellen mit der konkreten Klassensituation vor Ort und dem aktuellen allgemein- bzw.

fachdidaktischen Kenntnisstand in Beziehung zu bringen.

Ihre Aufgabe im Rahmen der Sachanalyse besteht darin, die vielfältigen Informationen und Quellen so zu ordnen, dass eine Sachstruktur sichtbar wird. Dies können Sie z. B. in Form eines Fließtextes, mithilfe einer Mindmap oder einer Tabelle oder mithilfe von Stichpunkten angehen. Der letzte Schritt besteht dann darin, diese Sachstruktur schriftlich niederzulegen. Hilfreiche Fragen sind z. B:

+ Welche Bedeutung hat der Inhalt in der Fachwissenschaft?
+ Welches Teilgebiet vertritt er?
+ Welche Teilgebiete sind gegebenenfalls beteiligt? Ist der Gegenstand interdisziplinärer Natur?
+ Hat der Gegenstand verschiedene Sinn- oder Bedeutungsschichten?
+ Wofür ist der Inhalt repräsentativ bzw. exemplarisch?
+ Welche Transfermöglichkeiten sind impliziert?
+ Welche fachlichen Schwierigkeiten und Probleme sind mit dem Inhalt verbunden?
+ Welche Inhalte müssen vorausgehen?
+ Welche Inhalte folgen üblicherweise bzw. sinnvollerweise?
+ Inwieweit ist der Inhalt in ein Curriculum eingebunden?

Didaktische Analyse –
die begründete Auswahl der Lerninhalte

Wenn Sie sich nun über die Struktur des Themas klar geworden sind, zahlreiche Quellen herangezogen haben und sich einen Überblick verschafft haben, werden Sie bemerken, dass es unmöglich ist, all das in eine Unterrichtsstunde oder Unterrichtseinheit hineinzupacken. Es würde die Schüler/innen erschlagen, vielleicht sogar verhindern, dass relevante Lernprozesse stattfinden. Die didaktische Analyse soll die Frage beantworten, warum *diese* Schüler/innen mit *diesen* vermuteten Interessen, Erfahrungen und Handlungszielen ausgerechnet an *diesem* Unterrichtsinhalt und mit *diesen* Methoden zu den angestrebten Lernergebnissen kommen sollen.

Auswahlprozess Sie müssen daher eine begründete Auswahl der Unterrichtsinhalte vornehmen. Dieser Prozess der Auswahl ist eine der wichtigsten Aufgaben von allgemeiner Didaktik und Fachdidaktik. In der Geschichte der Didaktik gab es schon viele Vorschläge, diese Auswahl durch Leitfragen zu unterstützen. Besonders bekannt geworden sind die Ansätze von Möller (1969), Robinsohn (1967) und Klafki (1962, erstmals 1958).

Neben begrifflichen oder konzeptionellen Unterschieden gibt es auch Parallelitäten: Alle drei Ansätze setzen bei der Auswahl der Inhalte 1. an der fachlichen Bedeutsamkeit, 2. an der aktuellen Bedeutsamkeit für die Schüler/innen und 3. an der antizipierten Bedeutsamkeit für die Zukunft der Schüler/innen an.

Fasst man bislang erschienene Kataloge zur Auswahl von Inhalten zusammen, erscheinen uns z. B. folgende Fragen als relevant für die didaktische Analyse in allen Fächern und Schulstufen:

+ Welche Rolle spielt der Inhalt in den Lehrplänen?
+ Wie wird der Inhalt in Schulbüchern behandelt? Gibt es (z. B. in der Sekundarstufe) Unterschiede zwischen einzelnen Schularten oder Klassenstufen?
+ Wie wird der Inhalt in der fachdidaktischen Literatur behandelt?
+ Welche (vermutete oder zu belegende) gegenwärtige Bedeutung hat der Inhalt zurzeit in der Lebenswirklichkeit der Schüler/innen?
+ Existiert ein aktueller Anlass für die Behandlung des Themas?
+ Welche (vermutete oder zu belegende) diesbezüglichen Vorkenntnisse haben die Schüler/innen?
+ Was ist den Schüler/innen am Thema vermutlich neu?
+ Worin liegt die (vermutete oder zu belegende) Bedeutung des Themas für die Zukunft der Schüler/innen innerhalb/außerhalb der Schullaufbahn?
+ Hat das Thema neben seiner fachlichen Exemplarität auch eine unterrichtliche Exemplarität?
+ Welche Transfermöglichkeiten innerhalb des Fachunterrichts bietet das Thema?
+ Welche fächerübergreifenden Aspekte bietet das Thema?
+ Welche vermuteten Lernschwierigkeiten bringt der Inhalt mit sich?
+ An welchen Punkten können die Schüler/innen aktiv werden?
+ Welche Lernhilfen (z. B. Vermittlungshilfen, Arbeitshilfen, Vorlagen) können bereitgestellt werden?
+ Welche Ergebnisse sollten bei der Auseinandersetzung mit dem Inhalt mindestens erreicht werden?
+ Sind diese Ergebnisse überprüfbar? Durch Selbstkontrolle oder Fremdkontrolle?

Die didaktisch begründete Auswahl der Lerninhalte ist ein schwieriges Geschäft. Manchmal sind viele der Fragen sehr leicht zu beantworten, häufiger aber verlangen sie eine eingehende Beschäftigung und analytisches Gespür.

Lernziele formulieren

In direkter Verbindung mit der Sachanalyse und der didaktischen Analyse, d.h. der Auswahl der Inhalte einer Unterrichtsstunde oder -einheit, steht die Formulierung von Lernzielen. Lernziele geben an, was Schüler/innen am Ende der Stunde oder Einheit mehr bzw. auch anders kennen, können, wissen oder tun sollten. Sie können sich auf Wissen, Verhalten oder Einstellungen beziehen. Lernziele geben also gewünschte Lernergebnisse an.

Lehrziele Dabei hat sich in der Didaktik mittlerweile durchgesetzt, zwischen »Lernziel« und »Lehrziel« zu differenzieren. Lehrziele werden von Lehrer/innen formuliert, Lernziele müssen die Schüler/innen sich erst zu eigen machen. Beide Begriffe beschreiben also den gleichen Sachverhalt aus unterschiedlichen Perspektiven. Man kann darüber streiten, ob diese Unterscheidung Sinn macht oder nicht. Wir sprechen im Folgenden der Einfachheit halber von Lernzielen.

Die Formulierung von Lernzielen hat gewichtige Vorteile: Sie lenken den Blick auf das gewünschte Ergebnis des Unterrichts und stellen Anforderungen an die Stufung und methodische Gestaltung des Unterrichts. Darüber hinaus ist es mittels Lernzielen möglich, den Erfolg bzw. Misserfolg des Unterrichts relativ präzise zu überprüfen. Zusätzlich verhindern sie, Schule nur als Selbstzweck, als reine Beschäftigung zu sehen.

Andererseits sind Lernziele – und vor allem ihr Erreichen – im Unterricht auch nicht alles. In konkreten Unterrichtssituationen müssen jeweils mehrere Ziele angestrebt und immer synchronisiert werden. Es gibt unzählige Stunden, in denen die Lernziele nicht erreicht oder gar keine aufgestellt wurden, die aber trotzdem sehr sinnvoll liefen und bei denen die Schüler/innen trotzdem viel Wichtiges gelernt haben.

Systematisch lassen sich einerseits verschiedene Bereiche von Lernzielen grob unterscheiden:

Wissen/Kenntnisse

+ Deutsch: Die Schüler/innen sollen zwei wichtige Merkmale einer Kurzgeschichte kennen.

Verhalten

+ Technik: Die Schüler/innen sollen ein Metallstück feilen und abrunden können.

Einstellungen

+ Kunst: Die Schüler/innen sollen den Wert des Werkes von Picasso schätzen lernen.

Andererseits lassen sich Lernziele auf unterschiedlichen Komplexitätsgraden bzw. Schwierigkeitsstufen formulieren. Viele Jahre war z.B. die Lernzieltaxonomie kognitiver Lernziele von Bloom et al. (erstmals 1956) verbreitet. Sie reicht von einfachen zu immer komplexer werdenden Lernzielen:

Kenntnisse

+ Auswendig lernen (reproduzieren)
+ Verstehen (in eigenen Worten wiedergeben)

- Anwendung (Anwendung zur Problemlösung)
- Analyse (Teilkomponenten und Beziehungen identifizieren)
- Synthese (neue Kombination von Teilen)
- Evaluation (Bewertung)

Eine solche Komplexitätsskala lässt sich auch für den affektiven Bereich nach dem Grad der Verinnerlichung (Aufnehmen, Reagieren, Werten, Werte ordnen) oder für den psychomotorischen Bereich nach dem Grad der Koordination (Imitation, Manipulation, Präzision, Gliederung, Naturalisierung) formulieren.

Zum Dritten kann man ein Lernziel nach dem Grad der Zielgenauigkeit unterscheiden: Sie können sehr genau beschrieben sein (z. B. »Die Schüler/innen sollten mindestens drei Gründe für das Scheitern der Weimarer Republik nennen können.«) oder eher allgemein formuliert sein (z. B.: »Die Schüler/innen sollen einen Bewerbungsbrief verfassen können.«).

In der Fachliteratur und in den meisten schriftlichen Unterrichtsentwürfen wird häufig zwischen Feinzielen, Grobzielen und Richtzielen unterschieden. Feinziele sind sehr konkret formuliert und beziehen sich auf spezielle Phasen oder Abschnitte einer Unterrichtsstunde. Grobziele oder Stundenziele besitzen ein mittleres Abstraktionsniveau und beziehen sich häufig auf eine ganze Stunde, eine Sequenz von mehreren Stunden oder eine längere Unterrichtseinheit. Richtziele sind auf einem hohen Abstraktionsniveau formuliert und geben die Richtung an, in die die jeweilige Stunde einzuordnen ist.

Operationalisierung In enger Verbindung mit der Zielgenauigkeit eines Lernziels steht die Frage, wie konkret man die Zielerreichung beschreibt, wie man dies als

Lehrer/in überprüfen kann und woran man beobachten kann, ob diese Lernziele auch wirklich erreicht wurden. Die Didaktik nennt diesen Prozess »Operationalisierung von Lehr-Lern-Zielen«.

Die Lernziele einer Doppelstunde zum Thema »Gesunde Ernährung« könnten sein:

+ Die Schüler/innen sollen wissen, dass die meisten Menschen in Deutschland zu fett, zu süß und zu salzig essen.
+ Die Schüler/innen sollen wichtige Auswirkungen (individuelle bzw. gesellschaftliche) dieser ungesunden Ernährungsweise erläutern können.
+ Sie sollen ihr eigenes Essverhalten mithilfe eines Arbeitsblattes grafisch darstellen.
+ Sie sollen ihr eigenes Trinkverhalten anhand einer Tabelle einschätzen.
+ Sie sollen mit einem Mitschüler ein kurzes Interview zu seinem Ernährungsverhalten anhand von Leitfragen führen und der Klasse darüber berichten.
+ Sie sollen in Gruppenarbeit mithilfe eines Sachtextes ein Plakat zum Thema »Gesunde Ernährung« für eine Ausstellung im Schulfoyer entwerfen.
+ Sie sollen motiviert werden, sich gesünder zu ernähren.

Bei der Formulierung von Lernzielen ist es wichtig, die Lernziele des Mentors zu erkunden und zu notieren und danach zu fragen, wie das Erreichen bzw. Nichterreichen dieser Lernziele konkret zu beobachten ist. Ergebnis Ihrer Überlegungen könnte sein, die inhaltlichen Lernprozesse anhand folgender Lernziele, Kategorien bzw. Verhaltensweisen zu operationalisieren, d. h. anzugeben,

+ wer dieses Ziel	*Die Schüler/innen der Klasse 2c*
+ welchen Inhalts	*ihr eigenes Trinkverhalten*
+ in welcher Lernzeit	*in zwanzig Minuten*
+ unter welchen Lernbedingungen	*in Partnerarbeit in ihr Heft*
+ nach welchem Gütemaßstab	*wahrheitsgemäß*
+ in welcher Form erreichen soll.	*in Form eines Kreisdiagramms*

Methoden Während erfahrene Lehrer/innen bei den meisten Stunden recht präzise ihre Ziele nennen können bzw. wissen, was am Ende der Stunde oder der Unterrichtseinheit stehen soll, planen gerade unerfahrene Lehrer/innen ihre Stunden weniger von den Zielen, sondern von möglichen Methoden her. Dies ist häufig mit Problemen verbunden, weil einerseits für die Schüler/innen nicht offensichtlich wird, wozu sie jetzt dieses oder jenes im Unterricht machen. Andererseits verführt die methodengeleitete Planung dazu, möglichst viele unterschiedliche Methoden einzusetzen und dabei zu vergessen, worum es eigentlich im Unterricht geht.

Daher möchten wir Ihnen raten. Planen Sie immer von den Zielen her und bestimmen Sie erst ein mögliches Stundenziel sowie mehrere Feinziele, vor allem für die zentralen Phasen der geplanten Stunde. Dies schließt nicht aus, dass Sie im Laufe der Planung bei Ihren Zielen noch Präzisierungen oder Verallgemeinerungen vornehmen, neue Ziele mit hereinnehmen oder andere Ziele verwerfen.

Nachdem Sie jetzt den Inhalt des Unterrichts für sich geklärt haben, eine didaktische Auswahl im Hinblick auf eine Klassenstufe und eine konkrete Klasse getroffen haben und schließlich für einige Lernziele entschieden haben, geht es im nächsten Schritt Ihrer Unterrichtsplanung darum, eine Grobstruktur und mögliche Phasen der Stunde zu entwerfen. Teilweise kann sich diese Phasierung aus der Sachstruktur ergeben, z. B. wenn die Teilinhalte der Stunde aufeinander aufbauen. Teilweise legt die reale Klassensituation vor Ort, d. h. beispielsweise bestimmte Rituale des Klassenlehrers, einige Phasen fest. Man kann bei der Wissensvermittlung grob zwischen folgenden Vorgehensarten unterscheiden:

+ deduktives Vorgehen (vom Allgemeinen zum Besonderen) vs. induktives Vorgehen (vom Besonderen zum Allgemeinen)
+ analytisches Vorgehen (ein Ganzes wird in seine Einzelteile zerlegt) vs. synthetisches Vorgehen (aus einzelnen Teilen wird ein Ganzes konstruiert)
+ ganzheitliches Vorgehen (verschiedene Lernzugänge werden verknüpft) vs. elementhaftes Vorgehen (verschiedene Lernzugänge werden nacheinander abgearbeitet)

Konzepte Jede Unterrichtsstunde besteht aus einer bestimmten Abfolge von Bausteinen. In der didaktischen Literatur wurden bis heute vor allem zwei Ansätze rezipiert. Johann Friedrich Herbart (1806) legte erstmals auf der Grundlage eines Unterrichtskonzeptes, das einen ständigen Wechsel von Vertiefung und Besinnung vorsah, ein

Gliederungsschema für den Ablauf eines Denkaktes vor (»Formalstufen-Theorie«):

+ Klarheit
+ Assoziation
+ System
+ Methode

Heinrich Roth (1957) unterschied z. B. folgende Lernstufen:

die Stufe der Motivation
die Stufe der Schwierigkeit
die Stufe der Lösung
die Stufe des Tuns oder Ausführens
die Stufe des Behaltens oder Einübens
die Stufe des Bereitstellens, der Übertragung und der Integration

Diese Konzepte sind eher systematisch als chronologisch zu verstehen. Zwar finden viele Unterrichtsstunden in vielen Unterrichtsfächern als Fünfschritt statt (Hinführung, Präsentation, Erarbeitung, Übung, Transfer). Dennoch gibt es zahlreiche Unterrichtskonzepte, vor allem die des offenen Unterrichts, bei denen die verschiedenen Zugangsweisen zum Unterrichtsgegenstand ineinandergreifen. Manfred Bönsch hat zu Letzterem 1996 eine flexible Artikulation des Unterrichts vorgeschlagen (Bönsch 1996):

+ Eingangsphase/Motivation
+ Erarbeitungsphase
+ Sicherungsphase

Sozialformen Eine ganz wichtige Frage beim Konzipieren einer Abfolge von Unterrichtsphasen ist, in welchen

Interaktionsweisen die Schüler/innen und der Lehrer sich mit dem Unterrichtsgegenstand beschäftigen. Die Didaktik nennt diese unterrichtsorganisatorischen Arten »Sozialformen«. Systematisch lassen sich vier grobe Sozialformen unterscheiden:

+ Einzelarbeit
+ Partnerarbeit
+ Gruppenarbeit
+ Plenumsarbeit

Jede dieser Sozialformen hat gewisse Stärken und Schwächen. Vor allem stehen die Sozialformen in mehr oder weniger enger Verknüpfung mit den Unterrichtsmodulen und dem konkreten Unterrichtsthema. So ist es wohl sinnvoll, für eine Phase, in der möglichst unterschiedliche Lösungen erarbeitet werden sollen, zur Partner- oder Gruppenarbeit zu greifen. Um als Lehrer/in zu kontrollieren, ob alle in der Klasse eine mathematische Formel selbstständig anwenden können, ist es sinnvoll, eine Einzelarbeit einzubauen. Und ein Montagmorgenkreis zum Austausch der Wochenendaktivitäten ist sinnvoll nur als Plenumsarbeit, d. h. beispielsweise im Stuhlkreis denkbar.

Aus Sicht der lernpsychologischen Forschung sollte jeder Unterricht einerseits Aufmerksamkeitsspannen berücksichtigen, andererseits verschiedene Zugangskanäle ansprechen. Vor diesem Hintergrund ist es häufig sinnvoll, in jeder Unterrichtsstunde einen oder mehrere Sozialformenwechsel einzuplanen. Dies sollte aber auch in der Sache, d. h. im Thema des Unterrichts, begründbar sein und Sinn machen. Nicht jeder Sozialformenwechsel ist schon an sich gut. Und nicht jede Sozialform ist an sich gut oder schlecht.

Methodeneinsatz wählen

Jede unterrichtliche Auseinandersetzung mit einem Thema vollzieht sich in konkreten Unterrichtsformen, Techniken und Lehrweisen. Praktikablerweise spricht man von Methoden, also von Wegen des Lehrens und Lernens. Unterrichtsmethoden haben immer einen

+ Zielbezug,
+ einen Inhaltsbezug und
+ einen Personenbezug.

Die allgemeine Didaktik und die verschiedenen Fachdidaktiken haben bis heute vielfältige Unterrichtsmethoden, d.h. Verfahrensschritte, Aktionsformen und Unterrichtsrezepte, entwickelt, um Lehren und Lernen effektiver und humaner zu machen. Dennoch lässt sich konstatieren, dass das methodische Repertoire vieler Lehrer/innen offenbar relativ begrenzt ist. Die allgemeine und fachdidaktische Unterrichtsforschung hat mittlerweile deutlich gezeigt, dass bestimmte Unterrichtsmethoden sehr häufig, andere sehr selten und wieder andere fast gar nicht gewählt werden. Insgesamt lässt sich in allen Schulstufen, aber mit unterschiedlicher Deutlichkeit, eine Priorität der lehrerdominanten Methoden feststellen, d.h. vor allem lehrerzentriertes Erarbeitungsgespräch, Lehrervortrag oder auch das Ausfüllen von Arbeitsblättern. Die verfolgten Ziele beziehen sich zum großen Teil auf die Vermittlung von Kenntnissen bzw. intellektuellen Aspekten (Analysieren, Interpretieren, Schlussfolgern). Häufig wird dies auch als »Verkopfung« des Unterrichts bezeichnet. Dabei spielt die Sozialform »Frontalunterricht« quantitativ und qualitativ die wichtigste Rolle. Fast drei Viertel der Unterrichtszeit verläuft in dieser Form. Eine Studie hat diese Ergebnisse einmal als »methodische Monostruktur des Unterrichts« bezeichnet.

Lenkung Das lässt die Vermutung zu, dass an deutschen Schulen, im Unterschied zu einigen anderen Ländern, Schüler/innen im Unterricht vor allem damit beschäftigt sind, am Platz sitzen zu bleiben, der Lehrerin oder dem Lehrer zuzuhören, sich an einem Frage-und-Antwort-Spiel zu beteiligen, Arbeitsblätter auszufüllen, abzuschreiben und ansonsten nicht aufzufallen. Methodisches Lehrerhandeln kann systematisch am Grad der Lenkung unterschieden werden, wobei die hier genannten Beispiele nicht immer ganz trennscharf sind:

+ z. B. darbietende Methoden: Lehrervortrag, Lehrerdemonstration
+ z. B. anleitende/erarbeitende Methoden: erarbeitendes Unterrichtsgespräch, Schülerdemonstration, Diskussion, Lernzirkel
+ z. B. anregende/entdeckende Methoden: Experiment, Befragung

Aufgabe von Unterricht müsste sein, die Schüler/innen schrittweise heranzuführen, ihr eigenes Lernen selbst zu steuern, d. h. von lehrerzentrierten Methoden immer mehr wegzukommen und schülerzentrierte Methoden und unterrichtliche Settings zu verwirklichen. Zu jeder Phase und für jedes Feinziel des geplanten Unterrichts bieten sich in der Regel mehrere Methoden an. Ihre Aufgabe besteht nun darin, diese methodischen Möglichkeiten überblickend darzustellen. Der zweite Schritt besteht darin, diese Liste an möglichen Methoden nach bestimmten allgemeindidaktischen und fachdidaktischen Kriterien zu beurteilen, z. B.:

+ Gegenstandsbezug
+ Zeitaufwand
+ methodische Vorkenntnisse der Schüler/innen
+ Vorerfahrung der Lehrerin/des Lehrers
+ Zielangemessenheit
+ Methodenangemessenheit
+ Motivationsgehalt

Der dritte Schritt sind die gezielte Auswahl der jeweiligen Unterrichtsmethoden und deren Begründung im Hinblick auf das zu erreichende Stundenziel.

Ziele und Methoden sind miteinander verbunden. Für bestimmte Ziele sind bestimmte Methoden besser geeignet als andere. Alternativen sollten deshalb in einem schriftlichen Unterrichtsentwurf auch immer diskutiert werden. Je nach Unterrichtsfach und Klassenstufe bieten sich verschiedene Wege des Lehrens und Lernens an. Dabei ist es im Interesse eines nachhaltigen und erfolgreichen Lernens wichtig, einerseits mit möglichst verschiedenen Methoden im Unterricht zu arbeiten und gleichzeitig auch methodische Bezüge zwischen verschiedenen Fächern zu sehen und Synergien zu nutzen. Bei der Planung des methodischen Ablaufs sollten Sie zusätzlich Ihr Augenmerk auf besonders sensible Phasen des Unterrichts lenken:

+ den Einstieg
+ die Übergänge von einer Phase zur nächsten (sogenannte »Gelenkstellen«)
+ die zentralen Arbeitsanweisungen und Impulse
+ die Gestaltung des Schlusses

Unserer Erfahrung nach hat es sich sehr bewährt, die geplanten Anweisungen, Aufgaben, Impulse oder Überleitungen im Wortlaut vorzuformulieren. Dies verhindert, dass Sie in der konkreten Unterrichtssituation aus Nervosität, Vergesslichkeit oder Zeitdruck zentrale Impulse unpräzise oder gar nicht geben.

Wir empfehlen Ihnen, solche Formulierungen am besten in eine eventuelle Strukturskizze mit hineinzunehmen oder aber sie auf Karteikarten zu notieren und dann im Unterricht zu benutzen.

Bei der Planung einzelner Methoden ist zu berücksichtigen, wie vertraut die Schüler/innen damit sind und wie gut sie die ihnen zugebilligte Autonomie produktiv nutzen können. Da die Fähigkeit zum selbstständigen Arbeiten nicht bei allen Schüler/innen gleich entwickelt ist, kann mit arbeitsteiliger Gruppenarbeit und differenzierten Angeboten diesen Unterschieden entsprochen werden.

Medien auswählen

Nahezu alles, was den Lehrprozess der Lehrer/innen und den Lernprozess der Schüler/innen trägt und unterstützt, ist ein Lehrmittel oder Lernmittel, so z. B.:

+ das Schulbuch
+ der Overhead-Projektor
+ die Tafel bzw. das Whiteboard
+ das Arbeitsblatt
+ der Film
+ die Diareihe
+ die Wandkarte
+ die Kreide
+ das Modell
+ der Computer

+ die Lernsoftware
+ reale Anschauungsobjekte

Medien sind in systematischer Hinsicht nach dem Grad der Abstraktion zu unterscheiden:
+ z. B. reale Ebene: reale Anschauungsobjekte
+ z. B. ikonische (bildliche) Ebene: Landkarte, Schaubild, Mindmap, Modell, Schema
+ z. B. symbolische Ebene: Sprache, Text

Medieneinsatz Bei der Überlegung, welche Medien Sie im Unterricht einsetzen, spielt einerseits die Zieldimension, andererseits die Methodenwahl eine wichtige Rolle. Der Medieneinsatz muss sich danach richten, welche Ziele Sie mit Ihrem Unterricht verfolgen und welche Methoden Sie anwenden. Die Auswahl des Mediums verläuft wie die Auswahl der Methoden entlang bestimmter Kriterien, z. B.
+ Verfügbarkeit
+ Zeitaufwand
+ Vorerfahrungen der Schüler/innen
+ Vorerfahrung der Lehrerin/des Lehrers
+ Zieladäquatheit
+ Methodenadäquatheit
+ Motivationsgehalt
+ Aktualität
+ Authentizität im Verhältnis zu Ihrer Person

Wenn Sie beispielsweise den »Bienentanz«, d. h. das Übermitteln von Informationen zur Nahrungsfindung, Ihrer sechsten Klasse näherbringen möchten, könnten Sie z. B.:
+ gemeinsam einen Imker besuchen, ihn befragen und dort ein Modell eines Bienenstocks gemeinsam untersuchen,

+ einen Film darüber zeigen,
+ eine Diareihe zeigen,
+ den Bienentanz selbst mithilfe von Bildern erklären,
+ einen Sachtext im Biologiebuch durcharbeiten und
+ einiges andere mehr, z. B. den Bienentanz im Klassenzimmer selbst tanzen.

Bestimmte Medien sind möglicherweise von vornherein ausgeschlossen, andere drängen sich auf, wieder andere müssen genau geprüft werden.

Differenzierungsmöglichkeiten erkunden und planen

Schüler/innen verfügen über unterschiedliche Lernvoraussetzungen, sie sind unterschiedlich begabt, haben unterschiedliche Fähigkeiten und Interessen und damit auch unterschiedliche Lernmöglichkeiten. Um diesen entgegenzukommen und dafür zu sorgen, dass alle Schüler/innen der Klasse, leistungsstarke, mittlere und leistungsschwache, etwas in Ihrer Stunde lernen, sollten Sie bei der Unterrichtsplanung auch Differenzierungsmöglichkeiten erkunden und daraus Konsequenzen für die Stunde ziehen.

Differenzierung Differenzierung lässt sich als Inbegriff aller didaktischen, methodischen und organisatorischen Maßnahmen auffassen, die auf eine unterschiedliche Behandlung der Schüler/innen in unterrichtlicher oder erzieherischer Hinsicht zielen. Wichtige Differenzierungskriterien sind:
+ Begabung
+ Leistung
+ Interesse

+ Vorerfahrungen
+ Alter
+ Geschlecht
+ Kulturzugehörigkeit
+ Religion
+ Lernhaltung
+ Sozialverhalten
+ »Behinderung«
+ Sympathie/Antipathie (z. B. beim Mannschaftenwählen im Sport oder der freien Gruppenbildung)

Der Begriff »differenzieren« (lat.: *differentia*) bedeutet »unterscheiden« bzw. »Verschiedenartigkeit«. Aus schulpädagogischer Sicht geht es um die Gruppierung von Schüler/innen, um spezifische Unterrichtskonzeptionen, innerhalb deren versucht wird, der Verschiedenartigkeit Rechnung zu tragen, sowie um Sozialformen, die den Schüler/innen ebenfalls Gelegenheit bieten, sich mit ihren individuellen Lernvoraussetzungen einzubringen.

Jahrgangsklassen Eine – für uns – ganz normale Art der Differenzierung ist die Bildung von Jahrgangsklassen. Dabei geht man von der – mittlerweile entwicklungspsychologisch überholten – Vorstellung aus, dass alle Kinder mit Vollendung des sechsten Lebensjahres »schulreif« seien und sich die Kinder und Jugendlichen im Schulalter weitgehend gleich, und zwar kognitiv, emotional, psychomotorisch, entwickeln. Eine weitere Differenzierungsmaßnahme ist das Sitzenbleiben, eine, wie wir spätestens nach PISA und IGLU wissen, wenig ökonomische und pädagogisch meist kontraproduktive.

Innere/äußere Differenzierung Die Schulpädagogik unterscheidet zwischen Maßnahmen der äußeren Differenzierung und solchen der inneren Differenzierung. Bei der äußeren Differenzierung werden nach relativ willkürlichen Kriterien wie Alter, Geschlecht oder Leistung Lerngruppen gebildet, voneinander getrennt und fortan als homogen hinsichtlich dieser Kriterien betrachtet. Das Prinzip der inneren Differenzierung setzt dagegen erst nach der Konstitution von Lerngruppen ein. Es zweifelt die behauptete Homogenität hinsichtlich des Leistungsstandes an und hat zum Ziel, innerhalb der jeweiligen Lerngruppe den verschiedenen Individualitäten möglichst gut gerecht zu werden.

Äußere Differenzierung	Innere Differenzierung
Maßnahmen, die über die einzelne Klasse hinausgreifen	*Maßnahmen, die innerhalb der einzelnen Klasse vorgenommen werden*
+ Systemdifferenzierung (Grundschule, Sonderschule, Hauptschule, Realschule, Gymnasium) + Schuldifferenzierung (Unterstufe, Mittelstufe, Oberstufe, Leistungskurse, Grundkurse, Wahlfächer, Wahlpflichtfächer, Stützkurse, Förderkurse, Arbeitsgemeinschaften u.v.m.) + Jahrgangsdifferenzierung + Differenzierung nach körperlichen und/oder geistigen Arten der »Behinderung« + Sitzenbleiben, Schulwechsel, z. B. vom Gymnasium auf die Realschule	Differenzierung hinsichtlich u. a. der + Lernziele + Inhalte + Methoden und Medien + Sozialformen + Arbeitsformen + Aufgaben + Bearbeitungsumfang + Lernzielkontrollen + Leistungsmessungen + Hausaufgaben

Homogenisierung Vergleicht man das bundesdeutsche Schulsystem mit dem vieler anderer Staaten, so kann man von einer starken Dominanz des Aspekts »Homogenisierung« sprechen. Die Organisation von Schule in unserem Lande basiert auf der Vorstellung, es sei besonders sinnvoll, zweckmäßig und effizient, Schüler/innen so zusammenzufassen, dass möglichst homogene Lerngruppen entstehen. Lehrer/innen in Deutschland planen Unterricht vor allem im Hinblick auf diese Homogenisierung, sie beklagen sich häufig – vor allem in der Realschule und dem Gymnasium, mittlerweile aber auch in der Hauptschule –, dass einige Schüler/innen »an der falschen Schule« sind und die Lernvoraussetzungen in ihren Schulklassen so unterschiedlich seien. Unser Schulsystem ist auch daher stark selektionsorientiert, um diesem Ziel homogener Klassen näher zu kommen. Selbst die bundesdeutschen Gesamtschulen differenzieren nach A-, B- und C-Kursen.

Heterogenität Andere Schulsysteme haben die »Heterogenität« zu ihrem Prinzip gemacht. Hier ist es kein »Problem«, unterschiedliche Lernvoraussetzungen, Interessen und Fähigkeiten zu haben, alle Schüler/innen lernen z. B. in der Sekundarstufe I an einer Schulart. Die stärkeren helfen dadurch eher den lernschwächeren Schüler/innen beim Lernen, und beide profitieren davon. Es müssen keine Schüler/innen »sitzen bleiben« oder die Schule wechseln. Sonder-/Förderschulen für »Lernbehinderte« gibt es ebenso wenig wie für Körperbehinderte. Der Leiter der PISA-Studie in Deutschland, der Berliner Bildungsforscher Prof. Jürgen Baumert, hat das schlechte Abschneiden Deutschlands bei internationalen Schulleistungsstudien wiederholt auch mit dem Aspekt »Homogenisierung« bzw. »Heterogenität« in Verbindung gebracht. Er nennt die in Deutschland vorherrschende Meinung eine »Ideologie der Homogenisierung«, die empirisch keine Belege habe, und konstatierte in einem Interview, die deutschen Lehrer/innen hätten, international gesehen, die homogensten Klassen und beschwerten sich am meisten über die Heterogenität ihrer Schüler/innen.

Für die Planung von Unterricht sind nun folgende Fragen im Hinblick auf Differenzierungsmöglichkeiten zielführend:

+ Über welche besonderen Lernvoraussetzungen verfügen die (einzelnen) Schüler/innen?
+ Welche Differenzierungsmaßnahmen erscheinen aufgrund dieser Voraussetzungen notwendig?
+ Welche Differenzierungsmöglichkeiten bietet der Lerninhalt an?
+ Kann innerhalb der Lernziele differenziert werden?
+ Kann innerhalb der Arbeitsaufträge differenziert werden?
+ Kann innerhalb des Bearbeitungsumfangs differenziert werden?
+ Kann innerhalb der Lernzielkontrollen differenziert werden?
+ Kann innerhalb der Leistungsmessungen differenziert werden?
+ Kann innerhalb der Hausaufgaben differenziert werden?
+ Welche Sozialformen erscheinen geeignet?

Sie sehen, teilweise überschneiden sich die Fragen mit denen anderer Unterkapitel, z. B. zu den Lernvoraussetzungen oder zu den Medien. Relativ verbreitet ist eine eher quantitative Differenzierung, d. h. die Schüler/innen bekommen unterschiedliche Mengen an Aufgaben.

Insbesondere findet man dieses Muster so, dass die lern-schwächeren oder langsameren Schüler/innen weniger Aufgaben bekommen. Darüber hinaus gibt es auch eher qualitative Differenzierungsmöglichkeiten, bei denen verschiedene Schüler/innen mit unterschiedlichen, ihnen gemäßen Aufgaben betraut werden.

Eventualitäten miteinbeziehen

Wenn Sie nun den Inhalt der Stunde beschrieben, eine didaktisch begründete Auswahl vorgenommen, Lernziele, Methoden und Medien ausgewählt haben, möchten wir Ihnen eine schwierige Planungstätigkeit dringend empfehlen: die Überlegung, welche möglichen Störungen Ihren Planungen entgegenlaufen könnten und welche Möglichkeiten es gibt, damit umzugehen.

Flexibilität Realer Unterricht läuft oft anders ab, als geplant: Das kann an vielem liegen. Beispielsweise daran, dass Sie die Lernvoraussetzungen nicht genug kannten. Oder: Die Unterrichtsstunde liegt in der letzten Schulstunde, die Klasse hat vorher eine Klassenarbeit geschrieben, es gab einen Konflikt mit einer Schlägerei in der Pause, am Vorabend war Schulfest, oder draußen fängt es gerade dann an zu schneien, wenn Sie mit dem motivierenden Einstieg anfangen. In diesem Sinne kann die Unterrichtsvorbereitung immer nur das Drehbuch für die Stunde sein. Am Set wird dann immer noch viel verändert. Das ist häufig eine Belastungsquelle für Lehrer/innen. Und fordert eine zusätzliche professionelle Kompetenz: Flexibilität.

Eventualitäten Sie sollten sich also vorher auch Gedanken darüber machen, was es für Ihre Stunde bedeutet, wenn die Schüler/innen zu wenig motiviert sind, wenn ein Schüler wieder mal zu spät in den Unterricht kommt, wenn einige Schüler/innen vor der Stunde bereits Ihren Tafelanschrieb gelesen haben, eine Schülerin bereits in der ersten offenen Runde das Ergebnis der Stunde vorwegnimmt, eine Phase deutlich länger dauert als geplant oder ein Schüler Sie fortwährend imitiert und die Klasse zu Lachern hinreißen will. Überlegen Sie sich daher zumindest für einige Eventualitäten mögliche Alternativen:

+ Wo kann ich gegebenenfalls kürzen, wenn die Zeit eng wird?
+ Welche zusätzlichen Motivationshilfen könnte ich gegebenenfalls einschieben?
+ Welche Hilfen kann ich geben, wenn ein Großteil der Schüler/innen die Aufgaben auf dem Arbeitsblatt nicht richtig verstanden hat?
+ Welche Phasen könnte ich unter Umständen ganz weglassen?

Mitunter ist es hilfreich, sich ein »Worst case«-Szenario zu überlegen, was Sie also mit den Schüler/innen machen können, wenn die Klasse äußerst unkonzentriert ist, die meisten Schüler/innen die für die Stunde notwendige Hausaufgabe nicht erledigt haben, in der Mitte der Stunde draußen starker Schneefall einsetzt und Ihnen zum Ende der Stunde die Stimme wegbleibt.

Lernzielkontrollen einbauen

Jeder Unterricht verfolgt bestimmte Ziele. Sie haben sich bei der bisherigen Planung diese Lernziele überlegt und geplant, mit welchen Medien und Methoden Sie diese Ziele erreichen. Teil eines guten Unterrichts ist es demnach natürlich auch, in irgendeiner Weise zu erkunden, ob die angestrebten Lernziele von den Schüler/innen auch erreicht wurden.

Lernzielkontrolle Wir unterscheiden dabei die Begriffe »Lernzielkontrolle« und »Leistungsmessungen«. Lernzielkontrollen werden dann notwendig, wenn der Lehrer erkunden muss, z. B. nach einer Unterrichtsphase oder einem Lernschritt, ob die Schüler/innen ein wichtiges Lernziel erreicht haben. Wenn aus dem Lernverhalten der Schüler/innen eindeutig zu entnehmen ist, dass das Lernziel erreicht wurde, erübrigt sich eine Lernzielkontrolle. Im anderen Fall sind Lernzielkontrollen notwendig, um bei weiterführenden Schritten oder Phasen des Unterrichts nicht an den Schüler/innen vorbeizuunterrichten. Streng genommen müsste der Lehrer gerade bei wichtigen Lernzielen den Lernstand jedes einzelnen Schülers seiner Klasse kennen. Darüber hinaus sind Lernzielkontrollen auch aus Sicht der Schüler/innen wichtig: Sie brauchen eine Auskunft über den Erfolg ihrer Lernbemühungen, und dies kann letztlich, vor allem in den unteren Klassen, nur die Lehrerin bzw. der Lehrer leisten.

Leistungsmessungen Als Leistungsmessungen bezeichnen wir die vielfältigen Formen des Bewertens und Benotens von Schülerleistungen, z. B. durch eine Klassenarbeit, einen Test oder durch mündliche Noten.

Einen Verlaufsplan erstellen

Der letzte Schritt Ihrer Unterrichtsplanung besteht mitunter darin, einen Verlaufsplan bzw. eine Strukturskizze zu erstellen. Dafür gibt es verschiedene Möglichkeiten.

Tabelle Bewährt hat sich unseres Erachtens ein tabellarischer Verlaufsplan im DIN-A4-Querformat, der oben die formalen Angaben zur Stunde enthält, danach das Thema und das Stundenziel benennt und schließlich den Ablauf der Stunde in den wichtigsten Zügen darstellt. Der Grad der Ausführlichkeit ist einerseits durch den Umfang der Strukturskizze begrenzt, andererseits durch die Notwendigkeit, das geplante Unterrichtsgeschehen auch umfassend abzubilden. Insgesamt empfehlen wir fünf Spalten:

+ Zeitleiste, entweder mit absoluten Uhrzeiten (8.15 Uhr ...), mit relativen Zeiten (05 Minuten, 10 Minuten ...) oder mit den jeweiligen Zeiten der einzelnen Phasen (5 Minuten, 20 Minuten, 10 Minuten). Wir empfehlen die zweite Möglichkeit.
+ Phasen mit ihren Funktionen: Einstieg, Erarbeitung, Vertiefung, Reflexion, Analyse, Zusammenfassung, Ergebnissicherung und andere
+ Lehrer-Schüler-Interaktion: überwiegend stichwortartige Hinweise zu den Intentionen und Handlungen von Lehrer/in und Schüler/innen, zentrale Arbeitsanweisungen oder Fragen wortwörtlich.
+ Unterrichtsformen, d.h. Arbeitsformen, gegebenenfalls Sozialformen: Unterrichtsgespräch, Lehrervortrag, Schülervortrag, Gruppenarbeit, Partnerarbeit, Einzelarbeit, Lernzirkel, Lerntheke, szenisches Spiel o. Ä.
+ Medien

Weitere Differenzierungen, beispielsweise eine häufig zu sehende Trennung des geplanten und erwarteten Lehrer- und Schülerverhaltens oder die Formulierung einzelner Lernzielen zu jeder Phase, sind unseres Erachtens kontraproduktiv. Es verleitet Sie beim Unterrichten, jeden kleinsten Schritt zu betrachten und damit spontane Wendungen des Unterrichts als unliebsame Störung aufzufassen. Folgende Tipps scheinen uns wichtig:

+ Denken Sie beim Verfassen immer daran, dass der Verlaufsplan für Leser/innen (Mentor/in, Hochschulbetreuer/in, Kommiliton/innen) gedacht ist, die sich rasch einen Überblick über Ihre Planung und den Verlauf der Stunde verschaffen wollen.

+ Viele Mentor/innen oder Betreuer/innen haben besondere Vorlieben für eine bestimmte Struktur der Verlaufsskizze. Wenn es Ihnen irgend möglich ist, richten Sie sich danach.

+ Überlegen Sie vor der Stunde, ob Sie selbst mit dem Verlaufsplan im Unterricht arbeiten möchten oder zusätzliche Aufschriebe oder »Spickzettel« (z. B. Karteikarten) hinzunehmen möchten. Am besten, Sie probieren verschiedene Formen aus und schauen, was Ihnen eher entgegenkommt.

+ Benutzen Sie für die gängigsten Bezeichnungen der Phasen, der Unterrichtsstrukturierungen des Lehrers, der Arbeits- und Sozialformen und der Medien Abkürzungen, um die Tabelle übersichtlicher zu machen.

+ Lassen Sie alles Unwichtige weg und schreiben Sie die Tabelle im Telegrammstil bzw. mit Abkürzungen. Also nicht: »Der Lehrer sagt ...«, sondern: »L.: ...«

+ Formulieren Sie zentrale Arbeitsanweisungen, Impulse oder Gelenkstellen der Stunde im Wortlaut.

+ Der Gesamtumfang des Verlaufsplanes sollte in der Regel nicht mehr als zwei Seiten betragen. Am besten und übersichtlichsten ist eine Seite.

Und dann noch das: Im Internet gibt es viele Unterrichtsentwürfe zum Kopieren oder Downloaden. Unser Rat: Nutzen Sie das Angebot, um Ideen zu bekommen (Lehrer/innen gelten zu Recht als Jäger und Sammler ...), seien Sie aber vorsichtig damit, ganze Stunden zu übernehmen. Vieles davon ist zu gebrauchen, muss aber auf Ihre konkrete Klassensituation und die Lernvoraussetzungen der Schüler/innen bezogen werden. Einiges ist großer Schwachsinn. Dabei ist es nicht leicht, auf den ersten Blick das eine vom anderen zu unterscheiden.

Quellen und weiterführende Literatur

→ Becker, G. E. (2003): Unterricht planen. Handlungsorientierte Didaktik, Teil I. Weinheim und Basel: Beltz.

→ Bönsch, M. (2001): Methoden des Unterrichts. In: Roth, L. (Hrsg.): Pädagogik. Handbuch für Studium und Praxis. München: Oldenbourg, S. 801–815.

→ Grell, J./Grell, M. (2005): Unterrichtsrezepte. Weinheim und Basel: Beltz.

→ Jank, W./Meyer, H. (2002): Didaktische Modelle. Berlin: Cornelsen.

→ Klafki, W. (1962): Didaktische Analyse als Kern der Unterrichtsvorbereitung. In: Roth, H./Blumenthal, A. (Hrsg.): Auswahl Reihe A, Heft 1 – Grundlegende Aufsätze aus der Zeitschrift »Die Deutsche Schule«: Didaktische Analyse. Hennauer: Schrödel, S. 5–34.

→ Klippert, H. (2007): Methoden-Training. Übungsbausteine für den Unterricht. Weinheim und Basel: Beltz.

→ Meyer, H. (2002): UnterrichtsMethoden. Band II: Praxisband. Berlin: Cornelsen Scriptor.

→ Peterßen, Wilhelm H. (2000): Handbuch Unterrichtsplanung. Grundfragen – Modelle – Stufen – Dimensionen. München: Oldenbourg.

→ Peterßen, W. H. (2008): Kleines Methoden-Lexikon. München: Oldenbourg.

Quellen/Literatur

Unterricht durchführen – eine riesige Herausforderung

Der Unterschied zwischen Planung und Durchführung

Komplexität Unterrichten ist eine sehr komplexe Tätigkeit, die ein Höchstmaß an Aufmerksamkeit, emotionaler Stabilität und auch berufliche Erfahrung benötigt. Parallel muss die Lehrerin bzw. der Lehrer zahlreiche Teilaufgaben bewältigen: Der Unterrichtsstoff muss präsentiert, und die Beiträge der Schüler/innen müssen darin eingebunden werden. Das Interesse der Schüler/innen muss geweckt, und der Zeitrahmen muss eingehalten werden. Die Aspekte zur Beurteilung der Schülerleistungen müssen berücksichtigt werden. Störungen müssen möglichst so bearbeitet bzw. eingedämmt werden, dass der Lernprozess der Klasse nicht nachhaltig behindert wird.

Die hohe Komplexität des Unterrichtens führt zu einer Vielzahl von nahezu strukturell gegebenen Unsicherheiten bezüglich Verlauf und Wirkung des Unterrichts: Sie erfahren nicht immer, ob bzw. was die Schüler/innen gelernt haben, was Sie mit Ihrem Unterricht kognitiv und emotional bewirkt haben, was die Schüler/innen über Ihre fachliche, methodische und erzieherische Kompetenz denken.

Stolpersteine Vor diesem Hintergrund zeichnen sich zahlreiche Probleme gerade für die Durchführung ab: Oft fehlt die Routine, Sprache und Körpersprache gezielt einzusetzen, das Verhalten von Schüler/innen und deren Leistungen während des Unterrichts einigermaßen sicher zu diagnostizieren und zu bewerten, die Grundregeln der

Klasseninteraktion zu beachten und durchzusetzen sowie die eigene Rolle als Lehrer/in darzustellen.

Die universitäre Ausbildung ist eine Ausbildung, die, wenn sie überhaupt einen Praxisbezug hat, nur eine nahezu optimale Unterrichtsgestaltung in den Blick rückt, die die Fassbarkeit von Problemen suggeriert und den Umgang mit Unterrichtsstörungen nur unzureichend behandelt. Darüber hinaus wird die zentrale Rolle von Erfahrung im Lehrerberuf durch Struktur und Inhalt der Ausbildung in Studium und Referendariat vernachlässigt. Das Wichtigste: Eine Ausbildung als Vorbereitung auf Unsicherheit fand kaum statt. Praxis vor Ort – das ist, wie der Erziehungswissenschaftler Jürgen Oelkers schreibt: »Der rasche Verbrauch von Zeit in mühsam stabilisierten Situationen mit unsicheren Effekten« (2007, S. 107).

Klare Vorstellungen Oft ist die eigene Lehrerrolle noch nicht gefestigt und kann es auch noch nicht sein. Studien haben gezeigt, dass z. B. Referendar/innen und junge Lehrer/innen unterschiedlich klare Vorstellungen von ihrer eigenen Lehrerrolle besitzen. Lehrer/innen mit unklaren Vorstellungen schwanken häufig in ihrer Rolle hin und her, sie werden unsicher, das Ergebnis sind Disziplinschwierigkeiten. Lehrer/innen, die klarere Vorstellungen haben, sind offensichtlich weniger von Disziplinschwierigkeiten betroffen. Dabei ist es gänzlich unerheblich, welche Lehrerrolle man für sich in Anspruch nimmt.

Mit der Lehrerrolle korrelieren naturgemäß auch die Prinzipien und Vorstellungen der Unterrichtsgestaltung. So zeigt sich, dass Lehramtsstudierende in überwiegender Zahl schülerzentrierte Unterrichtsmethoden und offene Unterrichtsformen als wünschenswert ansehen: Stationenarbeit, Freiarbeit, Wochenplan, Projektunterricht bzw.

projektorientierter Unterricht oder Werkstattunterricht. Sie beabsichtigen, mit diesen Unterrichtskonzepten das selbstständige Lernen der Schüler/innen zu ermöglichen bzw. zu fördern, und rechnen implizit mit deren Zustimmung und Unterstützung.

Konflikte Dass dies aber nur die halbe Wahrheit ist, zeigt sich relativ schnell: Da die Schüler/innen in der Regel in der Vergangenheit nur wenig Erfahrungen mit solchen Unterrichtskonzepten machen konnten, kommt es bei der geplanten Umsetzung der schülerzentrierten Unterrichtsmethoden zwangsläufig zu Problemen: Verwirrung und Unterrichtsstörungen nehmen zu, und Disziplinkonflikte überlagern fachlich Lehr- und Lernprozesse. Solche Konflikte im Rahmen der Einführung offenerer Unterrichtsformen führen nicht selten zu grundlegenden pädagogischen und persönlichen Konflikten, die sich derart aufschaukeln können, dass die ursprünglich vorhandene große Sympathie aufseiten der Schüler/innen und des Lehrers nach und nach verloren geht. Erst mit der Zeit lernen vor allem ungeübte Lehrer/innen, mit Disziplinkonflikten strukturierter umzugehen, indem sie präventiv arbeiten, d. h. z. B. die Sitzordnung ändern, die Schüler/innen gezielter und differenzierter fördern und fordern oder zielgruppenspezifischere Unterrichtseinstiege wählen, aber auch nachhaltiger und gezielter intervenieren.

Einige goldene Regeln für Ihre Unterrichtsgestaltung

+ Sie haben nach bestem Wissen und Gewissen Ihre Stunde geplant. Stehen Sie deshalb nach Möglichkeit hinter dem Thema und der Planung Ihrer Stunde.

Schüler/innen reagieren sehr feinfühlig auf Unsicherheit und inneren Zweifel.

+ Versuchen Sie, Ihre Aufmerksamkeit auf die Schüler/innen und deren Lernprozess zu richten, gleichzeitig aber auch, quasi sich selbst von schräg oben zuzusehen.
+ Formulieren Sie Arbeitsanweisungen oder Impulse möglichst langsam, deutlich, klar verständlich und dosiert.
+ Vermeiden Sie es, mehrere Fragen oder Impulse hintereinander zu stellen.
+ Versuchen Sie, Ihren verbalen Anteil möglichst zu reduzieren und nur dann zu sprechen, wenn es wichtig und notwendig ist. Ersetzen Sie einige verbale Impulse durch nonverbale (Gestik, Mimik, Proxemik).
+ Versuchen Sie, nicht in das »Lehrerecho« bzw. den »Lehrerpapagei« zu verfallen, d.h. alle Schüleräußerungen noch einmal zu wiederholen.
+ Lassen Sie den Schüler/innen in Gesprächsphasen Zeit zum Überlegen.
+ Entscheiden Sie sich eher dazu, den Schüler/innen Informationen zu geben, als in einem endlosen Ratespiel die Schüler/innen zu verunsichern und zu langweilen und dabei wertvolle Zeit vergehen zu lassen.
+ Bemühen Sie sich beim Unterrichten um Verlässlichkeit und Konsequenz. Bestehen Sie auf Inhalten und Zielen, die Sie sich reiflich überlegt haben. Nutzen Sie Regeln und Rituale, um dem Chaos zu trotzen. Erklären Sie gegebenenfalls den Schüler/innen den Sinn und das Ziel Ihres Unterrichts.
+ Versuchen Sie, sich so zu geben, wie Sie sind, also möglichst authentisch zu sein. Schüler/innen durchschauen unechte Schauspieler/innen relativ schnell.

Körpersprache im Unterricht

In jedem Unterricht wirkt die Lehrerin bzw. der Lehrer nicht nur als Stoffvermittler, als Fachwissenschaftler, sondern auch auf der Beziehungsebene. Jedes Lehrerhandeln hat, wie jede menschliche Kommunikation, also zwei Aspekte: einen Sachaspekt und einen Beziehungsaspekt. In beiden Bereichen spielt sich menschliche Kommunikation sprachlich (verbal) und körpersprachlich (nonverbal) ab.

Nonverbal Zu jedem Augenblick sendet der Körper Signale über das aus, was die Person gerade empfindet und denkt. Psychologische Forschungen haben Hinweise dafür, dass menschliche Kommunikation zu mehr als zwei Dritteln nonverbal abläuft. Wie wir also Situationen oder Handlungen einschätzen, wird zu einem großen Teil körpersprachlich vermittelt. Darüber hinaus gibt es Anzeichen dafür, dass, wenn beide Ebenen, sprachliche und körpersprachliche, in Widerspruch zueinander treten, die körpersprachliche Ebene der Wahrheit, dem, was eigentlich gemeint ist, näher kommt. Der Grund hierfür könnte in der Phylogenese, d. h. der Stammesgeschichte des Menschen liegen, wo der körpersprachliche Ausdruck weit vor dem sprachlichen Ausdruck kam.

Kinesik Die Körpersprache gehört in das Gebiet der Kinesik (griech. *kinesis* = Bewegung). Körpersprache ist die Wissenschaft von der Kommunikation durch körperliches Verhalten. Darunter fallen Signale und Handlungen des Menschen. Es gehören dazu: Mimik, die Körperhaltung, der Blickkontakt, der Gang, die Gestik, das Äußere und allgemein Körpersignale. Erstaunlich ist: Viele Körpersignale werden überall auf der Welt in gleicher Weise entschlüsselt und verstanden.

Ein Körpersignal alleine drückt aber meistens noch nichts aus. Erst wenn viele Signale zusammenwirken, können sie z. B. ein bestimmtes Verhalten oder bestimmte Persönlichkeitsmerkmale signalisieren. Und: Körpersprache ist auf keinen Fall immer eindeutig. Es wird also nie ein Lexikon geben, in dem Körpersignale und ihre eindeutige Bedeutung abgedruckt sind. Körpersignale sind immer situationsabhängig und deshalb immer im Kontext der Situation zu interpretieren.

Zentraler Bestandteil Körpersprache ist als zentraler Bestandteil des Lehrerverhaltens in den letzten Jahren immer stärker in den Blick der Ausbildung und Fortbildung von Lehrer/innen, aber auch der Lehrerforschung gerückt. Frühere weitverbreitete Einschätzungen, dass die Körpersprache von Lehrer/innen ein zu vernachlässigender Aspekt im beruflichen Handeln von Lehrkräften ist, wurden vor allem einerseits theoretisch durch die Kommunikationstheorie von Watzlawick (»Man kann nicht nicht kommunizieren«), andererseits empirisch durch größere videogestützte Forschungen im Zusammenhang mit der Gesprächsforschung widerlegt. Doch auch ein anderes Vorurteil gilt längst nicht mehr: dass die Körpersprache von Lehrer/innen quasi naturgegeben und wenig daran zu trainieren sei.

Die Körpersprache ist eine wesentliche Voraussetzung für glaubwürdiges Überzeugen und für wirkliches Verstehen. Wir drücken innere Bewegungen durch unseren Körper aus. Schüler/innen beobachten die Lehrerin bzw. den Lehrer ganz genau. Sie erkennen Widersprüche zwischen Denken und Erleben. Sie merken sofort, wenn ein Lehrer etwas anderes sagt oder tut, als sein Körper signalisiert. Bei Lehrer/innen sind die inhaltliche Stoffvermittlung und die erzieherische Arbeit untrennbar mit körpersprachlichen Signalen verknüpft. Ihre Glaubwürdigkeit hängt davon ab, ob die Signale, die sie aussenden, widerspruchsfrei sind oder nicht.

Mittlerweile gilt die Körpersprache von Lehrer/innen als äußerst wichtiger Aspekt des Lehrerhandelns und auch als solcher, der gezielt trainiert werden kann. Dazu ist es natürlich notwendig, den großen Bereich der Körpersprache von Lehrer/innen in einzelne Elemente aufzugliedern (vgl. z. B. Heidemann 2007):

+ Blickkontakt
+ Körperhaltung vor der Klasse
+ proxemisches Verhalten
+ Mimik und Gestik
+ Kleidung und äußere Erscheinung

Mit dieser systematischen Aufstellung soll nicht suggeriert werden, dass die Elemente unabhängig voneinander existieren und auch trainiert werden können. Doch unseres Erachtens hat es sich erwiesen, in kleineren Modulen und Schwerpunkten zu arbeiten, um dann schrittweise komplexe Handlungsformen auszuprobieren. Im Folgenden finden Sie zu jedem Bereich einige Bemerkungen und Hinweise.

Blickkontakt

Der Blickkontakt ist der erste Weg der Kontaktaufnahme und eng an kognitive Prozesse gebunden. Mit ihm werden in sehr intensiver Weise Einschätzungen, Sympathie, Antipathie, Zuneigung und Feindseligkeit signalisiert und »rübergebracht«. Während im Laufe des Lebens vielfältige Formen der Emotionskontrolle erlernt werden, entzieht sich der Blickkontakt dieser Kontrolle weitgehend. Augen sind, so sagt das Sprichwort völlig zu Recht, die Fenster zur Seele. Insofern ist der Blickkontakt ein sehr bedeutsamer Übermittler von Gefühlen, Stimmungen und Einschätzungen.

»Tanzender Blick« Ins Gespräch vertiefte Menschen realisieren fast immer einen »tanzenden« Blickkontakt. Der Sprecher schaut bei Beginn der Ausführungen dem Gegenüber in die Augen, schweift dann mit dem Blick ab, um dann zum Ende hin wieder seinen Zuhörer anzusehen, um zu erkennen, welche Wirkung seine Worte hinterlassen haben. Während der Zuhörer bislang eher den Sprecher anschaute, beginnt dieser nun bei seinen Ausführungen abzuschweifen und wieder mit dem Blick zurückzukommen.

 Tipps

+ Als Lehrer/in sollten Sie einen Blickkontakt pflegen wie bei einer außerunterrichtlichen normal intensiven Begegnung.
+ Lassen Sie Ihren Blick vor Ihrem ersten Satz ruhig über die Klasse schweifen, und »sammeln« Sie die Blicke der Schüler/innen schrittweise ein, auch wenn es Ihnen wie eine Ewigkeit vorkommt.
+ Schauen Sie beim Unterrichten Ihren Schüler/innen immer wieder in die Augen.
+ Verweilen Sie mit Ihrem Blick auch einmal ruhig bei einzelnen Schüler/innen.
+ Versuchen Sie, Ihren Blickausdruck zu variieren.
+ Benutzen Sie den Blickkontakt, um ein Unterrichtsgespräch ruhig und aufmerksam zu steuern, z. B.

indem Sie weitere Schüleräußerungen nach einer Frage von Ihnen hervorkitzeln, gezielt Schüler/innen einige Sekunden anschauen und mit den Augenbrauen »winken«.

+ Sehr hilfreich ist es, sich in der Klasse einen oder mehrere Schüler/innen herauszusuchen, die Sie als positiv gestimmt vermuten oder erleben, und mit ihnen ab und zu Blickkontakt aufzunehmen.

+ Setzen Sie Phasen des Schweigens bewusst ein, um Ruhe in den Unterricht zu bekommen.

 Das ist wenig ratsam

+ Längere Zeit ins Blatt oder auf die Verlaufsskizze schauen und damit den Kontakt zur Klasse unterbrechen.

+ Einen Punkt an der gegenüberliegenden Wand fixieren, um den Blicken der Schüler/innen auszuweichen.

+ Genauso kontraproduktiv ist es, einige Schüler/innen längere Zeit anzustarren (länger als ca. fünf Sekunden).

Körperstellung im Unterricht

Durch die Körperhaltung wird der soziale Status einer Person bzw. die Statusbeziehung zwischen verschiedenen Menschen zum Ausdruck gebracht. Als Lehrer/in werden Sie aufgrund Ihrer exponierten und mit Macht versehenen Rolle einen Teil der Zeit stehend, frontal zur Klasse verbringen. Es müsste das Ziel von Unterrichtsreformen sein, dass dieser Anteil der zentralen Lehrerdominanz verringert wird. Gänzlich sinnlos ist es jedoch nicht. Daher muss es darum gehen, solche Phasen bewusst auch körpersprachlich zu gestalten.

 Tipps

+ Der beste Platz ist vorne zwischen Tafel und Lehrerpult (sofern das Pult vorne steht).
+ Stehen Sie am besten frei und lehnen sich nirgendwo an.
+ Versuchen Sie, möglichst ruhig und aufrecht zu stehen.
+ Arbeiten Sie gegebenenfalls mit einem Standbein und einem Spielbein.
+ Wechseln Sie bei längeren Lehrervorträgen einige Male den Platz.
+ Bei kürzeren Lehrervorträgen (bis etwa fünf Minuten) ist es besser, an einem Ort stehen zu bleiben.
+ Sie können ab und zu eine Hand in eine Hosentasche stecken (niemals aber gleichzeitig beide Hände in die Taschen).
+ Wenn Sie sich setzen wollen, setzen Sie sich am besten vorne seitlich an das Pult (nicht auf das Pult).
+ Achten Sie vor allem auf einen ordentlichen Tafelanschrieb. Die Kontrolle der Klasse durch einen Blick über die Schulter wirkt eher hilflos. Am besten, Sie gewöhnen die Schüler/innen automatisch daran, Ihren Tafelanschrieb sofort ins Heft zu übertragen.
+ Wenn Sie fertig mit dem Anschrieb sind, stellen Sie

sich an die Seite der Tafel, mit dem Körper zur Klasse. Bei Rechtshänder/innen ist normalerweise der beste Platz (aus Schülersicht) rechts neben der Tafel, um dann mit der kreideführenden Hand gleichzeitig auf bestimmte Begriffe oder Ähnliches zu zeigen.

+ In Stillarbeitsphasen oder anderen Phasen, wenn Sie nicht im Mittelpunkt stehen, können Sie sich gezielt auch optisch zurückziehen, z. B. indem Sie sich am Rand oder am Fenster aufhalten und einige Zeit Kraft tanken oder entspannen.

 Das ist wenig ratsam

+ Ständiges Hin-und-Her-Wandern oder -Schwanken vor der Klasse führt zu unnötiger Unruhe und lenkt die Aufmerksamkeit der Schüler/innen von der Sache weg.
+ Vermeiden Sie Übersprungshandlungen (z. B. an der Nase kratzen, durch die Haare fahren).
+ Vermeiden Sie Beziehungsbarrieren und Sperren, z. B. indem Sie hinter Ihrer Tasche oder dem Overhead-Projektor stehen.
+ Setzen Sie sich nicht auf einen Schülertisch und stellen bzw. legen Ihre Füße oder Beine hoch.
+ Vermeiden Sie negative Signale, wie z. B. Überlegenheitssignale, Spottsignale, zurückweisende Signale oder weitere Signale der Unsicherheit und Ablehnung.

Mimik und Gestik

Gestik und Mimik unterstützen weitestgehend unbewusst die Sprache. Die Mimik ist die sichtbare Bewegung der Gesichtsoberfläche und setzt sich zusammen aus den Signalen der Augen und Augenbrauen, des Mundes, der Nase und der Haut. Mimik umfasst das gesamte Gesicht. Als Gestik werden die körpersprachlichen Signale bezeichnet, die mit den Händen und Armen, Füßen und Beinen ausgedrückt werden. Von Mimik und Gestik gehen Informationen aus, die uns unbemerkt entlarven. So gibt es z. B. entscheidende Unterschiede zwischen den körperlichen Signalen beim Erzählen der Wahrheit und denen beim Lügen. Beim Lügen nimmt die Gestik mit den Händen ab. Es kommt zur Erhöhung des Selbstkontaktes mit der Hand im Gesicht (Kinnstreicheln, Mundbedecken, Nasenberührung). Auch der Gesichtsausdruck verändert sich.

Intensivierung Die Gestik ist eng mit unserem Sprechen verknüpft. Sie hat eine ausmalende und unterstützende Funktion. Oft wird die Gestik wie auch die Mimik zum Ausdruck bzw. zur Intensivierung von Gefühlen verwendet. Während die Gestik durch bewusste Kontrolle veränderbar und trainierbar ist, geschieht Mimik nur teilweise kontrolliert, meistens ganz unkontrolliert. Weiterhin können Gesten vereinbarte Bedeutungsträger zwischen Kommunikationspartnern sein (z. B. Finger an den Mund legen als Zeichen für Ruhe).

Ausdrücke Die verbreitetsten mimischen und gestischen Ausdrücke sind:

+ Mund öffnen (Erstaunen)
+ Lippen zusammenpressen (Starrsinn, Zorn)
+ Unterlippe hochziehen (Überlegung, Nachdenklichkeit)

- Arme vor der Brust verschränkt (Abwarten, Ablehnung, Suche nach Geborgenheit, sich unter Kontrolle bringen)
- weite Armbewegungen (Sicherheit)
- sich die Hände reiben (Schadenfreude [schnell] oder Zufriedenheit [langsam])
- mit dem Bleistift oder der Kreide spielen (Unsicherheit, Nervosität)
- Zeigefinger heben (Lob, Tadel)
- Finger zum Mund (kurz: Verlegenheit, länger: Nachdenklichkeit)

 Tipps

- Vor der Klasse sollten Sie möglichst frei im Raum stehen, damit alle Schüler/innen Ihre Mimik und Gestik sehen können.
- Die Hände sollten Sie möglichst in Brust- bis Bauchhöhe halten, da dies eine positive Ausstrahlung bewirkt. Vermeiden sollte man hingegen, die Arme zu oft zu verschränken, da dies eine Distanz zwischen Lehrer/in und Schüler/in schafft.
- Drohende Gesten sollte man vermeiden.
- Arbeiten Sie mit weiten, offenen, natürlichen und ruhigen Kontaktgesten in Richtung der Schüler/innen. Natürliche Gesten kommen aus dem Oberarm. Die Arme sollten sich dabei in Brusthöhe bewegen und die Handflächen nach oben zeigen.
- Benutzen Sie beim Aufrufen den Arm, der der Schülerin/dem Schüler zugewandt ist, d.h., kreuzen Sie nicht mit dem Arm den Oberkörper. Das wirkt wieder als Beziehungssperre und kann den Kontakt zu den Schüler/innen erschweren.

- Sehen Sie den Schüler/innen möglichst offen und entspannt ins Gesicht. Dabei hat natürliche Freundlichkeit und herzliches Lachen eine positive Wirkung auf die Schüler/innen.
- Mit der Mimik sollte man eher seine Gestik und das, was man aussagen will, unterstützen.
- Die Glaubwürdigkeit einer Person hängt entscheidend von der Widerspruchsfreiheit aller Signale ab. Also sollte man vor der Klasse keine besonderen Stimmungen vortäuschen. In Phasen, in denen man »schlecht drauf« ist, akzeptieren Schüler/innen eher ein neutrales Verhalten und konzentrierte Sachlichkeit. Schüler/innen erkennen schnell, wenn man zwanghaft versucht, seine Grundstimmung zu überspielen.

 Das ist wenig ratsam

- Wenn man sich zu oft die Nase reibt, seine Stirn runzelt oder zu oft die Augenbrauen hebt, wirkt das fahrig und emotional unkontrolliert.
- Es ist nicht gut, wenn man Mimik zu übertrieben oder zum falschen Zeitpunkt einsetzt. Das erscheint dann eher gekünstelt.

Kleidung und äußere Erscheinung

Individualisierung Kleidung dient in unserer Gesellschaft sehr stark der Individualisierung, aber auch der Universalisierung: Wir kleiden uns einerseits, um unsere Unverwechselbarkeit darzustellen, andererseits auch, um klarzumachen, welcher Gruppe dieser Gesellschaft wir uns zugehörig fühlen. Dies gilt auch für Lehrer/innen. An der Kleidung kann man im Groben sehr schnell sehen, was für eine Persönlichkeit der Lehrer hat, welchen Erziehungsstil er präferiert oder welchen Trends und Moden er anhängt. Die Schüler/innen beobachten die Kleidung ihrer Lehrer/innen sehr aufmerksam – schon häufig hat ein bestimmtes Kleidungsstück, ein Accessoire oder ein kleiner Fehler vor dem morgendlichen Spiegel die Aufmerksamkeit der Schüler/innen weg vom Unterrichtsgegenstand geführt.

 Tipps

+ Kleiden Sie sich möglichst im Unterricht so, wie Sie sich wohlfühlen.
+ Im Allgemeinen vermittelt farbige Kleidung eine lebendigere Atmosphäre als sehr gedeckte Kleidung.
+ Beachten Sie dabei einige Mindeststandards: gepflegte Kleidung, Oberschenkel bedeckt, keine extravaganten oder zu ablenkenden Kleidungsstücke.
+ Weder der Rock bei den Frauen noch Anzug und Krawatte bei Männern sind notwendig. Der Anzug drückt für die Schüler/innen allgemein eher eine gewisse Distanz aus.
+ Halten Sie die Kleidungsregeln ein, die auch für die Schüler/innen gelten, z. B. keine bauchfreien Tops, keine Kopfbedeckung.

Die Sprache des Lehrers

Wenn man sich die durchschnittliche Alltagsarbeit von Lehrer/innen besieht, so fällt ein starker Kontrast auf: Ungefähr die Hälfte der Zeit arbeiten sie im Klassenzimmer oder im Schulhaus, die andere Hälfte zu Hause am Schreibtisch. Dabei ist die eine Hälfte geprägt von vielfältigen Begegnungen sprachlicher und nicht sprachlicher Art, die andere Hälfte von relativer Einsamkeit.

Blickt man genauer auf den Arbeitsanteil in der Schule, stellt man fest: Einen Großteil ihrer Arbeit im Unterricht verrichten Lehrer/innen mittels Sprache: Sie

+ eröffnen den Unterricht
+ stellen Fragen
+ führen ein Unterrichtsgespräch
+ erteilen Arbeitsaufträge
+ stellen Sachverhalte dar
+ hören Schüler/innen ab
+ stellen Hausaufgaben

Doch auch außerhalb des Unterrichts ist Sprache für Lehrer/innen zentral: Sie sprechen mit Eltern, beraten Schüler/innen bei Lernproblemen (und nicht nur dabei), sprechen sich mit Kolleg/innen ab, planen in einer Arbeitsgruppe die nächsten Schulveranstaltungen und reden in der großen Pause im Lehrerzimmer im Sinne der Psychohygiene über Larissa in der 4b, die in letzter Zeit so schlampig geworden ist (»Was ist nur mit ihr los?«).

Gespräche mit Schüler/innen, Kolleg/innen, Eltern, Vorgesetzten, aber auch mit Ausbildungsleitern, Förstern, Sozialarbeiter/innen oder Museumspädagog/innen und anderen zu führen ist eine der wichtigsten Kompetenzen von Lehrer/innen. Doch – wie lernt man, diese Unterrichtsgespräche, Beratungsgespräche oder Kooperationsgespräche gelingend zu führen? Was muss man beachten? Wo sind Fettnäpfe und Fallstricke?

Unterrichtsforschung Die bisherige Unterrichtsforschung hat herausgefunden: Rund zwei Drittel der Unterrichtszeit werden noch immer mit Gesprächen in der ganzen Klasse, also frontal, ausgefüllt. Und: Die meiste Zeit davon spricht die Lehrerin bzw. der Lehrer. Für jede einzelne Schülerin und jeden einzelnen Schüler bleiben im Durchschnitt nur etwa 30 Sekunden Redezeit pro Unterrichtsstunde. Das ist in einigen Stunden zu akzeptieren, insgesamt aber ein Ungleichgewicht, das behoben werden sollte. Zum einen mit einem schülerzentrierten Unterricht, der den Sprechanteil der Schüler/innen durch Partnerarbeit, Gruppenarbeit, projektorientierte Arbeitsformen und Ähnliches merklich erhöht. Und zum anderen mit Unterrichtsgesprächen, die wirkliche Gespräche sind, und nicht nur verdeckte Monologe und Lehrervorträge (die haben aber auch, begrenzt eingesetzt, ihre Berechtigung!).

Gespräche Unterrichtsgespräche mit der ganzen Klasse zu führen ist äußerst schwierig. Sie benötigen Disziplin auf beiden Seiten und sind sehr störungsanfällig. Sie sind in ihrem Ablauf äußerst komplex und stellen höchste Herausforderungen an die Lehrer/innen. Und selbst Kolleg/innen mit langer Berufserfahrung verzweifeln mitunter daran.

Fragetyp	Beschreibung, was die Schüler/innen wissen sollen	Beispiel
Kenntnisfragen	Fragen nach etwas, woran sich die Schüler/innen erinnern sollen	Wann begann der Zweite Weltkrieg?
konvergierende Fragen	Fragen nach etwas, was die Schüler/innen verstehen sollen, es ist nur eine Antwort möglich, eher »geschlossene« Fragen	Warum tanzt die Biene nun vor den anderen Bienen herum?
divergierende Fragen	Fragen nach etwas, was die Schüler/innen weiterdenken sollen, es sind mehrere Antworten möglich, eher »offene« Fragen	Warum könnte die Hauptfigur sich so entschieden haben?
bewertende Fragen	Fragen nach Verknüpfungen von Sachverhalten und Bewertungskriterien	Was spricht eurer Meinung nach für ein Wahlalter ab 16 Jahren?
sondierende Fragen	Sie möchten die Schüler/innen veranlassen, weiterzudenken, haben meist Impulscharakter	Jetzt haben wir die Merkmale von Fabeln erarbeitet. Wie könnte es nun weitergehen?
organisierende Fragen	Befassen sich mit dem Unterrichtsverlauf selbst und seiner Organisation	Hat dazu noch jemand eine Frage?

Insbesondere die Kenntnisfragen bewegen sich auf einem basalen, häufig auch banalen Niveau. Auf der anderen Seite sind Kenntnisse auch unabdingbare Voraussetzung für anspruchsvollere Denkleistungen, z. B. die Analyse oder den Transfer. Dennoch kann konstatiert werden, dass im Unterricht dieser Typ von Fragen eindeutig dominiert. Und gerade im Verlaufe eines erarbeitenden Unterrichtsgesprächs wird immer wieder beobachtet, dass der Lehrer zu Beginn mit relativ divergierenden oder bewertenden Fragen einsteigt, im Verlaufe des Unterrichts aufgrund der fehlenden Beteiligung der Schüler/innen die Lehrerfragen immer trivialer werden, bis es zum Schluss nur noch darum geht, ein bestimmtes Wort zu nennen, das der Lehrer hören möchte.

Unterrichtsniveau Insofern sind Fragen von Lehrer/innen immer auch Mittel, das Niveau des Unterrichts zu heben bzw. zu senken. In der schulpädagogischen (Ratgeber-)Literatur gibt es immer wieder Empfehlungen, unechte Fragen oder geschlossene Fragen zu vermeiden oder anstelle von Fragen mit Impulsen zu arbeiten oder sogenannte »W-Fragen« (Wann? Was? Warum? Wo? Wie? ...) wegzulassen. Nach unserer Erfahrung helfen alle solche Ratschläge in der Praxis nicht weiter. Die Frage ist nämlich nicht primär, in welcher Form ich eine Frage oder einen Impuls formuliere, sondern welche Denkleistung ich mit der Beantwortung verbinde. Und dies kann ich sehr unterschiedlich auf formaler Ebene ausdrücken. Guter Unterricht kann viele Wege gehen.

Unterricht differenzieren und öffnen

Frontalunterricht sinnvoll einsetzen

Wenn man aktuelle pädagogische Zeitschriften und Fachliteratur anschaut, dann scheint es, Frontalunterricht sei ein Akt des Teufels, der Inbegriff einer veralteten, überholten Form von Unterricht, mit großen Strapazen für Schüler/innen wie Lehrer/innen verbunden, und vor allem: ohne große Lernerfolge.

Lehrerzentrierung Der Begriff »Frontalunterricht« ist einerseits (deskriptiv) als weite Beschreibung all jener Unterrichtsformen aufzufassen, bei denen es um die lehrerzentrierte Darbietung, Erarbeitung und Präsentation von Unterrichtsgegenständen geht. In diesem Sinne kann er als Sammelbegriff für sehr unterschiedliche Unterrichtskonzeptionen begriffen werden. Seit den 1960er-Jahren wird mit dem Begriff aber (normativ) ein negativ beschriebener Kontrast zu moderneren Unterrichtsmethoden, z. B. Gruppenunterricht oder offenem Unterricht, beschrieben. Frontalunterricht, das bedeutet in diesem Kontext: keine Differenzierung, Lehrerzentrierung, Lernen im Gleichschritt. Frontalunterricht verläuft in der Regel in vier Phasen:

+ Darbietungsphase (Einstieg, Sachbegegnung)
+ Erarbeitungsphase
+ Übungsphase (Wiederholung)
+ Anwendungsphase (Transfer)

Erarbeitungsphase Kernpunkt des Frontalunterrichts ist insbesondere die Erarbeitungsphase in Form eines erarbeitenden, lehrergelenkten, fragend-entwickelnden Unterrichtsgesprächs. Dabei versucht die Lehrerin bzw. der Lehrer, mit gezielten Fragen, die Schüler/innen weder unter- noch überfordern, die Schüler/innen auf den Weg zur Lösung bzw. zur Erkenntnis zu führen.

Die schulpädagogische Forschung hat eindrucksvoll gezeigt, dass in allen bundesdeutschen Schulstufen der Frontalunterricht, vor allem das fragend-entwickelnde Unterrichtsgespräch trotz aller gegenläufiger Publikationen und Appelle noch immer (in den Sekundarstufen noch mehr als in den Grundschulen) die dominierende Sozial- und Arbeitsform in nahezu allen Fächern ist. Darüber hinaus ist belegt, wie sehr noch immer lehrerzentriert unterrichtet wird, wie ungleich verteilt die Sprechanteile zwischen Lehrer/in und Schüler/innen sind, wie wenig verbreitet offenere Unterrichtsformen sind und wie schwer es ist, Unterricht zu öffnen.

Wirkungen Über die Wirkungen und Nebenwirkungen des Frontalunterrichts weiß man nicht sehr viel: Weder ist bislang eine Überlegenheit noch eine Unterlegenheit beim Erreichen vor allem kognitiver Lernziele im Vergleich zu anderen Methoden belegt. Allerdings gibt es einige Indizien dafür, dass der Frontalunterricht und vor allem das fragend-entwickelnde Unterrichtsgespräch in seinem Umfang eingedämmt werden müsste:

+ Frontalunterricht unterdrückt strukturell viele Kompetenzen, die Schüler/innen in der Schule auch vermittelt bekommen müssen, z. B. Teamfähigkeit, Kreativität, Selbstbewusstsein.
+ Die Gefahr ist groß, dass im Frontalunterricht lernstärkere Schüler/innen sich langweilen, lernschwächere Schüler/innen überfordert sind.

- + Frontalunterricht vermittelt im Kern ein antidemokratisches Modell, bei dem die Lehrerin bzw. der Lehrer alles weiß und Schüler/innen immer unwissender als er bleiben müssen.
- + Frontalunterricht verstärkt den Pygmalion-Effekt, d.h. der Lernerfolg der einzelnen Schüler/innen hängt sehr stark davon ab, welche Erwartungen an sie die Lehrerin/der Lehrer hat.
- + Die Ergebnisse internationaler Schulleistungsstudien (vor allem PISA und IGLU, zum Teil auch TIMSS) zeigen, dass Nationen weit vor Deutschland rangieren, bei denen differenzierende und offene Lernformen im Unterrichtsalltag eine größere Rolle spielen.
- + Frontalunterricht belässt die Schüler/innen im Prinzip in einer passiven, abwartenden Rolle im Lernprozess. Dies widerspricht aktuellen Forschungen der Lernpsychologie.

Lernen ist ein individueller Akt, der Anregung und Motivation bedarf, der am besten mehrkanalig und mit Eigentätigkeit gefördert und unterstützt wird. Aus Sicht der Schüler/innen ist sicher die Mehrheit ihrer Unterrichtsstunden im Moment noch weit davon entfernt, diesen Zielen gerecht zu werden.

Methodenvielfalt Insgesamt möchten wir dennoch dafür plädieren, Frontalunterricht nicht aus dem Klassenzimmer zu verbannen. Damit wäre das Kind mit dem Bade ausgeschüttet. Es muss darum gehen, frontale Phasen mit Phasen der Gruppenarbeit, der Partnerarbeit, der Stillarbeit, der freien Arbeit oder der Projektarbeit sinnvoll zu verknüpfen. Das heißt auch: Frontalunterricht ist immer dann sinnvoll, wenn alle einen bestimmten Inhalt, eine bestimmte Methode oder eine bestimmte Einsicht brau-

chen, um am Lernprozess weiterhin gewinnbringend teil-
zunehmen.

Offener Unterricht – was ist das eigentlich genau?

In den letzten beiden Jahrzehnten hat sich in vielen bundesdeutschen Schulen etwas Gravierendes getan: Viele
Lehrer/innen, vor allem in der Grundschule, haben sich
auf den Weg gemacht, Unterricht schrittweise zu öffnen,
schülerzentrierter zu lehren und dabei selbst zu lernen.
Dabei kam es auch zu einer Renaissance reformpädago-
gischer Unterrichtskonzepte. Die wichtigsten Stichworte
dazu: innere Differenzierung, handlungsorientiertes Lernen, projektorientierter Unterricht, Stationenlernen, die
Arbeit mit Lernkarteien, Wochenplan-Unterricht, Freiarbeit, Werkstattunterricht, Schule als Lebensraum.

Hier ein paar kurze Erläuterungen

Innere Differenzierung ist die Antwort auf heterogene
Lernvoraussetzungen. Darauf, dass die Kinder in jeder
Klasse unterschiedliche Sozialisationserfahrungen, Interessen, Begabungen und Neigungen mitbringen. Sie er-
möglicht eine weitgehende Individualisierung der Lern-
anforderungen und Lernprozesse. Die Schüler/innen
lernen mit unterschiedlichen Methoden an unterschiedlichen Lerngegenständen, erledigen z. B. auch differenzierte Hausaufgaben und Leistungskontrollen.
Handlungsorientiertes Lernen meint nicht nur (und
nicht vor allem) praktisches Lernen (»mit den Händen«),
sondern einen Unterricht, der die Lernenden in den Lern-

prozess ganzheitlich einbezieht, sie Erfahrungen machen lässt. Handlungsorientierung bezieht sich also auf kognitive, körperliche und seelische Lern- und Verarbeitungsprozesse.

Projektorientierter Unterricht beinhaltet Formen der Projektarbeit. Das heißt im Idealfall: Schüler/innen arbeiten fächerübergreifend an einem selbst gewählten Thema eigenverantwortlich mit selbst gewählten Zielen und Methoden und Ergebnissen. Projektorientierter Unterricht ist damit das Gegenteil vom Lehrgang. Die an vielen Schulen praktizierte Projektwoche nach der Notenabgabe, bei der die Schüler/innen in jahrgangsgemischten Gruppen sich mit bestimmten Themen beschäftigen, ist der »kleine Bruder« eines projektorientierten Unterrichts. Seit Anfang des 20. Jahrhunderts spielt die Projektmethode eine zunehmende Rolle in der Theorie und der Praxis der Schule. Ihre Entwicklung ist spannend und vielfältig, heute ist der »Projektunterricht« eine der verbreitetsten Formen des schülerorientierten Unterrichts. Schülerorientiert heißt in einem Projekt, dass die Schüler/innen an der Themenfindung, der Planung, Vorbereitung und Durchführung gleichberechtigt beteiligt sind.

Lernen an Stationen ist eine Sonderform des differenzierten Unterrichts. Im Klassenraum oder an einem anderen Lernort werden verschiedene Stationen ausgewiesen, an denen die Lernenden weitgehend selbstständig arbeiten können. Je nach konkreter Ausgestaltung (unter anderem gibt es »Lernzirkel«, »Lerntheke«, »Lernstraße« oder »Lerngarten«) gibt es unterschiedliche Formen der Unterrichtsplanung, der konkreten Lernarbeit durch die Schüler/innen und der Dokumentation.

Arbeit mit Lernkarteien ist die Antwort auf zentrale Erkenntnisse der Lernpsychologie (Ultrakurzzeitgedächtnis,

Kurzzeitgedächtnis, Langzeit-Gedächtnis). Lernkarteien vermeiden streng das Prinzip der Ähnlichkeitshemmung und integrieren unterschiedliche Lernkanäle. Lernkarteien sind Karteikästen mit zahlreichen Karteikarten, auf denen jeweils eine Frage bzw. Aufgabe und ihre jeweilige Antwort bzw. Lösung (auf der Rückseite) stehen. Die üblichen Lernkartei-Kästen haben drei bis fünf Fächer, in denen die Schüler/innen nach dem Motto »Bei richtig ins nächste Fach – bei falsch zurück in Fach 1« ihre Karteikarten einsortieren. Die Arbeit mit Lernkarteien dient besonders dem Wiederholen und Üben, kann aber auch in Erarbeitungsphasen eingesetzt werden.

Wochenplan-Unterricht dient dem selbstständigen Üben von Sachverhalten und soll Kinder und Jugendliche zum selbstständigen Lernen begleiten. Dabei werden auf einem Plan alle Arbeiten vermerkt, oft mit dazugehörigen Hinweisen und Hilfsmitteln, die die Schüler/innen im Laufe eines Tages oder einer Woche erledigt haben sollen (Pflicht-Teil), bei denen sie auswählen können (Wahlpflicht-Teil) oder die sie zusätzlich erledigen können (Kür-Teil). Wochenplan-Unterricht benötigt eine vorbereitete Lernumgebung, gemeinsame Kommunikations- und Ordnungssysteme sowie eine kontinuierliche Feedback-Kultur. In der Regel werden die Stunden für den Wochenplan-Unterricht aus den Kontingenten der jeweiligen beteiligten Fächer gezogen.

Werkstatt-Unterricht ist eine noch relativ neue, aber gerade in der Grundschule zunehmend verbreitete Unterrichtsform, die darin besteht, dass Schüler/innen weitgehend selbstbestimmt in einer Lernumwelt und an Arbeitsposten einzeln, zu zweit oder in Gruppen Lernaufgaben bewältigen, ihren Lernweg selbst bestimmen und ihre Lernerfolge zum Teil selbst kontrollieren. Dabei sind die Lernenden nicht gänzlich frei, häufig gibt es Pflichtaufgaben und Wahlaufgaben. Die Schüler/innen machen meistens einen individuellen Lernplan, sie füllen beim Arbeiten einen »Werkstatt-Pass«/»Arbeitspass« bzw. ein Lernprotokoll aus. Oft tragen sie auch in einer Posten-Übersicht ein, was sie schon absolviert haben, welche Hilfe sie nötig haben usw. Die Lehrerin bzw. der Lehrer übernimmt dabei mehr die Rolle eines Lernberaters.

Freiarbeit ist als eine besondere und besonders freie Form des selbstgesteuerten Lernens aufzufassen. Die Schüler/innen entscheiden dabei im Rahmen des Curriculums und der jeweiligen Klassensituation und der Potenziale ihrer individuellen und gruppenbezogenen vorbereiteten Lernumgebung über ihre individuellen Ziele und Methoden des Lernens. Freiarbeit ist vor allem an Grundschulen verbreitet, in der Sekundarstufe bislang kaum.

Freie Arbeit, Werkstatt-Unterricht und Wochenplanarbeit haben – besonders in Grundschulen – in den letzten Jahren an Akzeptanz gewonnen. Doch lohnt es sich, genauer hinzuschauen, wenn jemand behauptet, in seiner Klasse »Freiarbeit« zu praktizieren. Denn alleine die Möglichkeit der Kinder, sich unter drei Arbeitsblättern eines aussuchen zu dürfen, entspricht nicht den Kriterien und Ansprüchen freier Arbeit. Die Qualität des Materials und der Grad der Selbstorganisation spielen eine zentrale Rolle und werden sehr oft vernachlässigt. Die didaktisch-methodische Vorstrukturierung der Lerngegenstände ist genauso unerlässlich wie die gezielte Beobachtung und Hilfestellung durch die Lehrkraft.

Mögliche Schwierigkeiten

Wer als Berufsanfänger/in versucht, Unterricht zu öffnen und schülerzentrierter zu unterrichten, muss häufig erfahren, dass das gar nicht so einfach ist. Dass auf beiden Seiten, bei den Schüler/innen und bei sich selbst, Blockaden da sind. In offeneren Unterrichtsformen muss Kontrolle abgegeben, muss vorher mehr vorbereitet werden als bisher und sich mitunter gegen Widerstände durchgesetzt werden. Und für Schüler/innen heißt ein offenerer Unterricht Abschied von der passiven Null-Bock-auf-nichts-Schule-ist-doof-Haltung und das Übernehmen von Verantwortung für den eigenen Lernprozess. Möglicherweise sind auch einzelne Eltern gegen die Reform des Unterrichts, weil sie befürchten, ihr Kind könnte nicht genug dabei lernen und nicht mit der neuen Freiheit umgehen. Und schließlich gibt es auch immer wieder Widerstände im Kollegium (»Die im Nachbarzimmer sind immer so laut!«), bei der Schulleitung (»Lernen die so überhaupt etwas?«) und auch beim Hausmeister (»Sauhaufen, das da oben!«). Denn häufig ist offener Unterricht mit mehr Aktivität, mehr Material und mehr Raumbedarf, z. B. im Flur, verbunden.

Mögliche Widerstände Da noch immer offenere Unterrichtsformen an unseren Schulen, vor allem in den Sekundarstufen, die Ausnahme sind, sind die Schüler/innen in der Regel nicht darauf vorbereitet. Wer also von heute auf morgen Unterrichtsformen wie Projektunterricht, Freiarbeit und Wochenplan einführen möchte, wird schnell feststellen, dass er die meisten Schüler/innen überfordert. Sofern die Unterrichtszeit, etwa im Rahmen eines Praktikums, zeitlich sehr begrenzt ist, scheint es unmöglich und unsinnig, der Klasse Freiarbeit beizubringen, wenn die Schüler/innen bislang kaum Erfahrung in freien Arbeitsformen haben. Daher raten wir dringend, diese Widerstände anzuerkennen und im Zweifel mehr oder weniger diejenigen Unterrichtsformen anzuwenden, die die Klasse kennt. Auch wenn es wehtut.

Nun ist häufig das Problem, dass in Ihrem Studium zwar offener Unterricht möglicherweise als erstrebenswertes Ziel und Idealzustand vermittelt wurde, aber kaum der Weg dahin mit seinen Schwierigkeiten und auch Rückschlägen erfahrbar gemacht wird. Hier müssen Kooperation und gezielte Fortbildung ansetzen.

 Tipps zum Thema: Unterricht differenzieren und öffnen

+ Holen Sie die Kinder und Jugendlichen da ab, wo sie stehen, und analysieren Sie genau die Lernvoraussetzungen Ihrer Schüler/innen: Welche Sachkompetenzen bringen sie mit? Welche Methodenkompetenzen? Welche Sozialkompetenzen und Selbstkonzepte? Wie verbreitet sind individualisierende Unterrichtsformen? Welche Ängste können für die Beteiligten mit Veränderungen verbunden sein?

+ Offener Unterricht braucht klare Regeln, Rituale und eine transparente Struktur. Knüpfen Sie daher an bereits erarbeitete Strukturen in der Klasse an.

+ Als Einstieg in den offenen Unterricht eignet sich vor allem der schrittweise Einsatz von Lerntheken, bei denen die Schüler/innen unter Wahlangeboten auswählen können und eine Selbstkontrolle möglich ist. Erst danach empfiehlt es sich, komplexere

Formen des offenen Unterrichts einzuführen, z. B. die Wochenplanarbeit, weil man hier schrittweise (von einfachen zu schwierigeren z. B. projektartigen Aufgaben), strukturiert (zunächst ähnlicher Rahmen), gesteuert (unterschiedlicher Grad an Freiheit) und differenzierend (z. B. in Leistungsgruppen) vorgehen kann. Der Plan gibt zudem die Möglichkeit der engen Beratung und Rückmeldung und den Schüler/innen auch die notwendige Orientierung.

+ Seien Sie nicht sehr enttäuscht, wenn die Schüler/innen nicht wie von Ihnen gewünscht auf offene Unterrichtsphasen anspringen und einige davon mit ihrer neuen Freiheit nicht umgehen können. Alle Lehrer/innen haben erfahren, dass das punktuelle Scheitern zum Öffnungsprozess gehört und wertvolle Hinweise auf Überforderungen, unzulängliche Strukturierung und Beziehungskonflikte gibt.

+ Bitten Sie Ihre Mentor/innen bzw. Kolleg/innen um Unterstützung. Gerade bei der aufwendigen Materialherstellung für offene Unterrichtsformen kann Zusammenarbeit besonders entlasten.

Problemlösung Unterricht soll unsere Schüler/innen zu problemlösendem, selbstständigem Lernen befähigen. Aktives, entdeckendes Lernen fördert die individuelle, thematische Auseinandersetzung und kreative Lösungsfindung. Das ist wichtiger denn je. Der »Königsweg« ist aber keine bestimmte Methode, sondern die Vielfalt der Methoden, mit denen die Schüler/innen Möglichkeiten geboten bekommen, sowohl das Lernen wie auch neue Inhalte zu lernen. Das »Lernen lernen« ist bereits ein geflügeltes Wort in der Schulpädagogik. Nur scheint die Umsetzung viel schwieriger zu sein als gedacht. Viele Lehrer/innen klagen, dass die Voraussetzungen nicht stimmen: zu große Klassen, zu wenig Zeit zur gezielten Vorbereitung solch »aufwendiger« Methoden, zu wenig Disziplin und eine schlechte Arbeitshaltung der Schüler/innen und anderes mehr.

Umdenken Neue Wege im Unterricht brauchen sowohl Zeit als auch entsprechende Strukturen. Von heute auf morgen wird keine Schülerin und kein Schüler lernen, gezielt und sinnvoll selbst zu lernen oder wirkungsvolle Arbeit im Team zu leisten. Hier sind Kompetenzen gefragt, die langfristig und Stück für Stück aufgebaut werden müssen. Auch als Lehrer/in muss man umdenken: Ohne gezieltes Feedback wird keine Schülerin und kein Schüler seine Arbeitsweise verändern und optimieren können. Und ohne Teamarbeit und Kooperation im Kollegium wird niemand solch differenzierten Unterricht bewerkstelligen können. Um den Kompetenzerwerb auf beiden Seiten zu ermöglichen, muss sich Unterricht öffnen und entwickeln. Auch hier hat das Motto »Learning by Doing« seine Berechtigung.

Wann und warum Hausaufgaben geben?

Zur deutschen Schule gehören Hausaufgaben offensichtlich wie das Bier zum Cannstatter Wasen: Es ist nicht anders vorstellbar. Nicht nur für die Schüler/innen, für die Hausaufgaben oft das Schlimmste an der Schule sind, sondern auch für Lehrer/innen sind Hausaufgaben integraler Bestandteil von Unterricht. An jedem Nachmittag sitzen Millionen Schüler/innen an Hausaufgaben, die erledigt werden müssen. Dabei spielen Hausaufgaben an Deutschlands Schulen, die noch immer fast gänzlich reine Halbtagesschulen sind, eine besondere Rolle. Sie dienen in der Regel dazu, den am Vormittag »durchgenommenen Stoff« am häuslichen Schreib- oder Küchentisch zu üben, zu wiederholen, anzuwenden und zu vertiefen.

Fakten Die von der schulpädagogischen Forschung erkundete Hausaufgaben-Wirklichkeit ist allerdings noch immer so, dass es sich lohnt, genauer über die Stellung und das Stellen von Hausaufgaben nachzudenken:

+ Während viele Grundschüler/innen noch überwiegend gerne Hausaufgaben machen, nimmt ihre Beliebtheit mit zunehmendem Schüleralter kontinuierlich ab. Für viele Schüler/innen in der Pubertät sind Hausaufgaben nur noch lästige Pflichtübung, wenn sie überhaupt gemacht werden. Gleichwohl sind sowohl Schüler/innen als auch Eltern und Lehrer/innen vom Sinn und Wert der Hausaufgaben relativ überzeugt.

+ Der Umfang für die zu erledigenden Hausaufgaben schwankt an unseren Schulen zwischen den Durchschnittswerten 30 Minuten (in der Primarstufe) und 60 bis 90 Minuten (in den Sekundarstufen). Wobei auch hier gravierende Unterschiede von Klasse zu Klasse, Lehrer zu Lehrer und Schultag zu Schultag zu verzeichnen sind. Absprachen unter den in der Klasse unterrichtenden Kolleg/innen bezüglich des aktuellen Hausaufgabenpensums sind längst nicht die Regel.

+ Das Stellen der Hausaufgaben erfolgt häufig am Ende der jeweiligen Stunde, fast immer undifferenziert (alle Schüler/innen haben die gleiche Hausaufgabe auf) und mit äußerst geringen Hilfen, zuweilen werden Hausaufgaben auch zur Disziplinierung verwandt.

+ Beim Bearbeitungsniveau der Hausaufgaben gibt es klare Prioritäten: Etwa 60 Prozent aller Hausaufgaben dienen der Übung und Wiederholung, 20 Prozent der Erweiterung, 15 Prozent der eigenständigen Anwendung. Nur ein sehr geringer Teil besteht im praktischen Tun oder in vorbereitenden Aufgaben.

+ Hausaufgaben sind ein ständiger Konfliktherd zwischen Schüler/in und Lehrer/in, aber auch zwischen Schüler/in und Eltern. Sie müssen zeitaufwendig verglichen und kontrolliert, gegebenenfalls sanktioniert werden, sie sind Ursache für viele nachmittägliche und abendliche Streitereien in den Familien.

+ Erstaunlicherweise haben Studien gezeigt, dass gerade schwächere Schüler/innen von Hausaufgaben nur unterdurchschnittlich bis überhaupt nicht profitieren und dass der allgemein beabsichtigte Lernfortschritt durch Hausaufgaben nicht bewiesen werden kann.

+ Die Erledigung von Hausaufgaben ist mehr und mehr ein boomender Wirtschaftszweig geworden. Jeder dritte Schüler, sogar 40 Prozent aller Gymnasiasten, erhält regelmäßig, d.h. mindestens einmal die Woche, »Nachhilfeunterricht«. Für Nachhilfelehrer, Hausaufgaben-Institute und andere Einrichtungen geben Eltern in Deutschland pro Woche etwa zehn bis 20 Millionen Euro aus. Im Jahr sind das schätzungsweise 1,5 bis zwei Milliarden Euro. Nicht nur damit verstärken Hausaufgaben gesellschaftliche Ungleichheiten. Im Internet bieten Hausaufgaben-Online-Börsen unzähliges Material für verzweifelte Schüler- (und Eltern-)Seelen an.

Fazit Zusammengefasst heißt das: Es werden zu viele Hausaufgaben aufgegeben, die zu umfangreich sind, die die Schüler/innen überfordern, die zu wenig im Unterricht vorbereitet und geübt wurden, die unnötig Zeit der Kinder und Jugendlichen zu Spiel, Freizeit und Entspannung blockieren und die die Schere zwischen leistungsstärkeren und leistungsschwächeren bzw. bildungsnahen und bildungsfernen Schüler/innen vergrößern. Grund genug, die eigene Hausaufgaben-Praxis kritisch zu reflektieren.

 Was tun?

+ Viele Lehrer/innen gehen auch hier mittlerweile neue Wege:
+ Es gibt nur einmal in der Woche Hausaufgaben (»Wochenhausaufgaben«), die z. B. am Dienstag ausgegeben und am darauffolgenden Montag wieder eingesammelt werden. Damit können die Kinder und ihre Familien sich einteilen, wann die Arbeit erledigt wird – ob die Eltern am Wochenende helfen wollen oder der Dienstag eben mit der Flötenstunde und dem Fußballtraining blockiert ist. Für Sie ist das gut, weil Sie wissen: Montag ist Haus-

aufgaben-Korrektur-Nachmittag. So ist es eher möglich, differenzierte Hausaufgaben zu geben (denn jeden Tag wäre das zu aufwendig). Und Sie müssen gegebenenfalls nur einmal in der Woche meckern, das entlastet Sie selbst und die Kinder.

+ Die Hälfte der Hausaufgaben ist in der Form immer gleich, also von den Schüler/innen verlässlich überschau- und leistbar (z. B. Wochenwortschatzliste lernen, Knobelaufgabe in Mathematik, ein Blatt mit leichten Rechnungen, eine freiwillige Aufgabe). Das ist vor allem für die schwachen Schüler/innen gut, die bei der Wiederholung des tagesaktuellen Stoffs häufig völlig überfordert sind, weil sie ihn noch nicht wirklich verstanden haben.

+ Pro Vierteljahr steht jeder Schülerin und jedem Schüler ein »Joker« zu (muss bei nicht gemachten Hausaufgaben abgegeben werden), denn auch Kinder haben ein Recht darauf, sich eine Auszeit zu nehmen oder etwas zu vergessen. Wer zum Ende der drei Monate seinen Joker noch hat, bekommt ein kleines Geschenk.

Ohne Beziehung keine Erziehung und keine Lernprozesse

Schüler/innen sind für Lehrer/innen die beruflichen Hauptpersonen. Mit ihnen verknüpfen sich das Berufsethos, die originären Berufsaufgaben des Unterrichtens und Erziehens und auch die Frage der Berufszufriedenheit bzw. Berufsunzufriedenheit von Lehrer/innen in hohem Maße. Die Interaktion mit den Schüler/innen, sowohl im Unterricht als auch außerhalb des Unterrichts, ist damit das zentrale Handlungsfeld.

Schüler-Lehrer-Verhältnis Die Forschungen zu den wechselseitigen Erwartungen von Schüler/innen und Lehrer/innen deuten darauf hin, dass das Schüler-Lehrer-Verhältnis grundsätzlich als schwierig und oft äußerst problembelastet bezeichnet werden kann. Czerwenka et al. (1990) kamen nach einer Analyse von über 1 200 Aufsätzen deutscher Schüler/innen zu dem Schluss, dass mehr als drei Viertel der Schüler/innen ihre Lehrer/innen überwiegend bzw. nahezu ausschließlich negativ beurteilen, wobei mit zunehmender Schulzeit die Schülerurteile negativer werden. Hauptsächlich kritisieren die Schüler/innen das fehlende fachliche Können, fehlendes Gerechtigkeitsempfinden der Lehrer/innen und einen autoritären und langweiligen Unterricht. Neuere Schülerumfragen, zeigen, dass es nicht ganz so schlimm aussieht, aber dennoch von breiter Zufriedenheit aufseiten unserer Zielgruppe nicht die Rede sein kann.

Zum einen ist die systemimmanente Hierarchie eine Ursache für zahlreiche Konflikte im Beziehungsalltag von Schüler/innen und Lehrer/innen, zum anderen decken sich die Erwartungen der Schüler/innen an die Lehrer/innen nur sehr partiell mit den Erwartungen der Lehrer/innen an die Schüler/innen.

Schülererwartungen Schüler/innen erwarten im Kern einen unmöglichen Lehrer. So soll er sein:

+ gerecht und fair, aber auch im Einzelfall verständnisvoll
+ Ahnung haben von seinem Fach und gut erklären können, aber auch nicht alles so verbissen sehen
+ einen niveauvollen Unterricht machen, aber auch die Schüler/innen nicht pausenlos »bombardieren«
+ humorvoll sein, aber auch nicht nur Quatsch machen
+ vertrauenswürdig, jedoch nicht distanzlos
+ durchgreifen können, aber auch nicht zu streng sein

Es ist klar: Diesen Erwartungen kann niemand entsprechen. Und muss es auch nicht, weil es z. B. auch aus Sicht der Schüler/innen wichtig und lehrreich ist, mit unterschiedlichen Lehrerpersönlichkeiten umzugehen und sich mit ihnen auseinanderzusetzen. Schließlich muss Schule auch auf das Leben vorbereiten.

Lehrerwünsche Die Lehrer/innen hingegen wünschen sich konforme, leistungsbereite und verhaltensunauffällige Schüler/innen. Schüler/innen, die von diesen Erwartungen abweichen, werden von den Lehrer/innen, statistisch gesehen, öfter mit schlechteren Noten, dem Wiederholen einer Klasse oder einer negativen Übertrittsempfehlung nach der Grundschule belegt.

Schüler/innen als Quelle von Be- und Entlastung

Junge Lehrer/innen und auch Praktikant/innen geben fast durchweg an, dass die Interaktion mit den Schüler/innen zum einen sehr stark zur Zufriedenheit beiträgt, zum anderen aber auch sehr stark für Belastungen verantwortlich ist.

Interaktionen Die Belastungen in diesem Handlungsfeld sind auf der einen Seite durch die Stellung logisch zu erklären, zum anderen durch die erlebte Ausbildung: Die jungen Kolleg/innen, in der Regel mit einem quasi natürlichen Sympathievorsprung und -vorschuss aufseiten der Schüler/innen versehen, werden – wenn überhaupt – nur am Rande auf das schwierige Interaktionsfeld Schüler/Lehrer vorbereitet, sondern ausgebildet, um reibungslosen Unterricht durchzuführen. Sie gehen daher mit einem Bild von Schule ins Praktikum oder Referendariat, das das konfliktreiche Feld der Interaktion zwischen Schüler/innen und Lehrer/innen im Spannungsfeld von Nähe und Distanz, Gerechtigkeit und persönlichem Engagement, Autorität und demokratischer Teilhabe tendenziell ausgeblendet hat und die unterrichtliche, d. h. fachlich orientierte Interaktion und Kommunikation als dominant zeichnet. Sie rechnen damit, dass in einem ausgeglichenen Verhältnis von Unterricht und Erziehung die Schüler/innen schülerzentrierte Methoden a priori honorieren und ihr Bemühen mit größerer Aufmerksamkeit und Leistungsbereitschaft belohnen.

Wirklichkeit Die Wirklichkeit sieht jedoch häufig anders aus: Die beiderseitige Verunsicherung führt häufig dazu, dass die Schüler/innen versuchen, die von ihnen so interpretierte »Gutmütigkeit« neuer Lehrer/innen auszunutzen, aber auch bemüht sind, deren emotional offenere Haltung für sich zu nutzen und stärker Kontakt aufzunehmen als mit anderen Lehrer/innen. Dadurch entsteht insgesamt für sie das Problem der Grenzziehung: Sie müssen lernen, auch auf ihren eigenen Gefühls- und Kräftehaushalt Rücksicht zu nehmen, nicht alles selbst und sofort machen zu können, auch berechtigte Ansprüche gegenüber den Schüler/innen durchzusetzen und nicht zu einem hilflosen Helfer zu werden.

Loben und Strafen

Erziehung geschieht gleitend, als explizite und implizite Handlungen, bewusst und unbewusst. Eine wichtige Rolle spielen dabei das Loben und das Strafen. Während an unseren Schulen vermutlich mehr bestraft und ermahnt als belohnt wird (z. B. mit Blicken, Gesten oder Worten), ist das Strafen trotz seiner Verbreitung häufig mit Tabus belegt. Weder die Schüler/innen noch die Lehrer/innen haben in der Regel ein großes Interesse, offenzulegen, wie und warum sie bestraft wurden bzw. gestraft haben. Aber wann sind Strafen Strafen? Wer versucht, sich Ratschläge oder Handlungsanleitungen aus pädagogischen Büchern oder Zeitschriften zu holen, muss lange suchen. »Strafen kommen immer zu spät«, so ein weitverbreitetes Bonmot unter Lehrer/innen. Stimmt. Trotzdem sind sie manchmal notwendig, wenn strenge Blicke, ruhige Aufforderungen, persönliche Ermahnungen und die Androhung von Konsequenzen nichts fruchteten? Sie sollten

+ zeitlich nah am Vergehen ausgesprochen werden.
+ dosiert erfolgen.
+ für die Schülerin bzw. den Schüler berechenbar sein.
+ in sachlichem Zusammenhang mit dem Vergehen stehen.
+ die Perspektive der Besserung beinhalten, und schließlich
+ das Fehlverhalten bestrafen, nicht den ganzen Menschen.

Artikel 1 des Grundgesetzes gilt schließlich auch an Schulen: Die Würde des Menschen ist unantastbar. Und ein pädagogischer Grundsatz sollte auch gelten: Jeden Tag gibt es eine neue Chance, gerade für jene Schüler/innen, die Ihnen häufig den Unterricht und das Leben schwermachen.

Sanktionsspiralen Vermeiden Sie auf jeden Fall Sanktionsspiralen, aus denen Sie nicht mehr herauskommen, weil Sie sie gar nicht mehr kontrollieren können. Ein klassisches Beispiel: »Wer jetzt noch einmal stört, fliegt raus!« Und versuchen Sie, sich in Konfliktsituationen wenn möglich, einen Handlungsaufschub zu verschaffen. Oftmals ist es besser, erst nach dem Unterricht in Ruhe einem Schüler Konsequenzen für sein Verhalten zu verkünden.

Streitschlichter – Modelle zur Konfliktlösung

Dass Lehrer/innen nicht nur Strafen aussprechen können, ja dass es zuweilen sinnvoller ist, die Lösung eines Konfliktes zwischen Schüler/innen oder zwischen Schüler/innen und Lehrer/innen aus der Hand zu geben, beweisen seit Jahren zahlreiche Schulen. Sie arbeiten mit dem Erfolgsmodell der Schüler-Mediation.

Mediation Der Sinn dieser Modelle: Es fungieren hier ältere bzw. jüngere Schüler/innen als Streitschlichter. Die Aufbereitung eines Streites erfolgt unter klaren, verständlichen und kommunikationstheoretisch überzeugenden Regeln. Am Ende des Prozesses versuchen die Streitschlichter, eine Lösung zu finden, die für beide Streitparteien akzeptabel ist. Dabei können auch Strafen ausgesprochen werden, wenn sich die beteiligten Schüler/innen darauf geeinigt haben. Erst wenn dieser Versuch der Konfliktregelung scheitert, werden Lehrer/in oder Schulleitung hinzugezogen. Es gibt mittlerweile viele Schulen, die mit Streitschlichterprogrammen arbeiten und gute Erfahrungen machen.

 Tipps zum Thema »Erziehungsprozesse gestalten«

+ Machen Sie sich die Mühe, zu erfahren, was die Kinder und Jugendlichen in Ihrer Klasse bewegt, wie sie wohnen, welche Hobbys sie haben, was sie gut können, mit wem sie befreundet sind, welche Hoffnungen und Träume sie haben.
+ Loben Sie, so oft es geht. Bemühen Sie sich, freundlich, fair, aber auch im Konfliktfall konsequent zu handeln. Lassen Sie die Schüler/innen auch Grenzen erkennen und entdecken. Strafen Sie so, dass Sie das Fehlverhalten, nicht den Schüler als Mensch sanktionieren.
+ Nutzen Sie Chancen zu außerunterrichtlichen Begegnungen: bei Lerngängen, Klassenfahrten, Projekten. Sie lernen »Ihre« Schüler/innen damit besser kennen.
+ Versetzen Sie sich zuweilen in die Lage der Schüler/innen. Wie würden Sie sich verhalten?
+ Machen Sie sich klar, dass Ihre Lebenswelt, Ihre Werte, Ihre Ideale und Ihre Umgangsformen nicht die der Schüler/innen sind.

Unterrichtsstörungen
gehören zum Unterricht

Unterrichtsstörungen: Kernaspekt
der kritisch-kommunikativen Didaktik

Erinnern Sie sich doch einmal: In welcher Unterrichtsstunde, die Sie in Ihrer langen Schulzeit erlebt oder als Lehramtsstudierender selbst gehalten haben, gab es keine einzige Unterrichtsstörung? Fällt Ihnen eine solche Stunde ein? Dann werden Sie wohl die Ausnahme sein. Im anderen Fall werden Ihnen zahllose Stunden einfallen, in denen die Schüler/innen für die ein oder andere Störung verantwortlich waren und die Lehrer/innen mit Unterrichtsstörungen, kleinen, mittleren und großen, zu kämpfen hatten.

Beziehungen Genauso wie jede andere menschliche Interaktion und Kommunikation ist auch unterrichtliche Interaktion sehr störungsanfällig. Verschiedene Zielperspektiven und Rollen treffen aufeinander und beeinflussen sich wechselseitig. Lehrer/innen müssen daher ihre Aufmerksamkeit nicht nur auf die Bearbeitung des Unterrichtsinhaltes, sondern genauso auf die Bearbeitung der Beziehungen aller Beteiligten richten.

Unterrichtsstörungen Das Thema Unterrichtsstörungen ist in den meisten didaktischen Konzepten eher unterbelichtet. Dass Unterricht auch anders laufen kann als geplant, dass Schüler/innen mit allerlei Störungen fehlendes Interesse, zu geringe Bereitschaft oder auch offenen Protest signalisieren, wurde sowohl in der bildungstheoretischen bzw. kritisch-konstruktiven Didaktik (Klafki) als auch in der lehr-lerntheoretischen Didaktik (Heimann, Otto, Schulz) eher ausgeblendet. Das Verdienst der »kritisch-kommunikativen Didaktik« nach Rainer Winkel (Winkel 1996) ist, diesen Strukturaspekt von Unterricht als Teil einer allgemeinen Didaktik aufzufassen und zu bearbeiten. Winkel begreift Didaktik als »Theorie des schulischen Lehrens und Lernens, d. h. die systematische, nachprüfbare und helfende Analyse und Planung unterrichtlicher Lehr- und Lernprozesse« (Winkel 1996, S. 79). Unterricht wird in dieser didaktischen Konzeption unter vier Aspekten betrachtet:

+ Vermittlungsaspekt (vor allem Lernakte, Medien, Methoden, Phasen, Organisation)
+ Inhaltsaspekt (vor allem offizieller Lehrplan, geheimer Lehrplan, Stufen der Sacherfahrung)
+ Beziehungsaspekt (vor allem soziale Interaktion und deren Richtungen und Formen) und
+ störfaktorialer Aspekt (vor allem Arten, Richtungen, Folgen, Ursachen von Störungen).

Auf der Basis von Konzepten der Kritischen Erziehungswissenschaft (Gamm, Mollenhauer, Schäfer/Schaller) und der Kommunikationstheorie (Watzlawick, Schulz von Thun) postuliert die kritisch-kommunikative Didaktik Leitziele für den Unterricht, vor allem Emanzipation, Mündigkeit und Mitbestimmung. Schüler/innen haben demnach ein Recht auf Partizipation, d. h. auf die Beteiligung an Planung, Durchführung und Auswertung des Unterrichts. Darüber hinaus haben sie ein Recht auf ein konstruktives Feedback über ihren Lern- und Leistungsstand sowie auf die Darlegung der Unterrichtsziele. In diesem Kontext bekommen Unterrichtsstörungen den Charakter von Seismografen, die anzeigen, welche kommunikativen und lerngegenstandsbezogenen Prozesse im Unterricht wirklich ablaufen und inwiefern Schüler/innen tatsächlich Mitbestimmungsmöglichkeiten haben. Unterrichtsstörungen signalisieren also, dass einige bzw. viele, vielleicht sogar alle Schüler/innen mit dem geplanten Lehr-Lern-Arrangement nicht hinreichend zurechtkommen. Die zentralen Fragen lauten also:

+ Warum und mit welchen Absichten und Zielen wird Unterricht gestört?
+ Mit welchen Störungen muss bei der Planung aufgrund welcher Anzeichen gerechnet werden?
+ Wie kann Unterricht mit den Antworten auf die beiden anderen Fragen so umgehen, dass er besser (vor allem humaner, aber auch effektiver) wird?

Was sind Unterrichtsstörungen?

Es gibt verschiedene Zugänge, Unterrichtsstörungen näher zu bestimmen: Eine weite, deskriptive Definition fasst als Unterrichtsstörungen alle Prozesse auf, d.h. erwünschte oder unerwünschte, die Auseinandersetzung mit dem Inhalt des Unterrichts nicht beeinträchtigende oder beeinträchtigende, die quer zur Unterrichtsplanung laufen, die nicht gezielt beabsichtigt sind. In diesem Kontext lässt sich vieles als Unterrichtsstörung bestimmen, z. B. auch eine sehr kluge, weiterführende Frage oder Antwort eines Schülers während eines Unterrichtsgesprächs, die den Lehrer dahin bringt, den geplanten Unterrichtsverlauf teilweise zu verändern, d. h. z. B. einen Exkurs zur aufgeworfenen Frage einzulegen, einen Lehrervortrag einzuschieben oder auch einen Schritt zurück zu den Grundlagen eines Unterrichtsinhalts zu machen, weil er merkt, dass vielen Schüler/innen in der Klasse das nötige Vorwissen für den geplanten Unterrichtsgegenstand fehlt. Im Rahmen dieser weiten Begriffsbestimmung könnte man dann Unterrichtsstörungen danach analysieren, ob sie erwünscht oder unerwünscht, beeinträchtigend oder unbeeinträchtigend für den Unterricht bzw. den Lehrer sind.

Kommunikationsprozess Eine am Alltagsverständnis näher ansetzende Definition arbeitet nicht nur mit deskriptiven, sondern auch mit normativen, d. h. bewertenden Kategorien: Unterrichtsstörungen liegen vor, wenn der Unterricht, d. h. das Lehren und Lernen, gestört wird, der unterrichtliche Kommunikationsprozess stockt bzw. endet bzw. gänzlich außer Kontrolle gerät, wenn er unerträglich, inhuman, sinnlos und schädigend wird (vgl. Winkel 2009, S. 99).

Unterrichtsstörungen können sich sehr verschieden äußern. Unterschieden werden können vor allem folgende Bereiche:

+ Disziplinstörungen
+ Provokationen und Aggressionen
+ akustische und visuelle Dauerstörungen
+ Konzentrationsstörungen
+ Störungen des Unterrichts von außen
+ Lernverweigerung und Passivität
+ neurotisch bedingte Störungen

Dabei ist es sinnvoll, einerseits einzelne Störungen desselben Bereichs graduell zu unterscheiden, z. B. nach Bagatellstörungen, ernsthaften Störungen, unbehebbaren Störungen, unvermeidbaren Störungen. Andererseits können Unterrichtsstörungen auch nach der Verursachung bestimmt werden, z. B. Anlage und Entwicklung, Umwelt, soziale Umgebung und Schule, Lehrer/in.

Trotz gewissenhafter Planung und Prävention kommt es nahezu in jedem Unterricht zu Störungen. Gerade Praktikant/innen, Referendar/innen und Berufsanfänger/innen haben aufgrund der vorliegenden Rollendiffusion zuweilen Schwierigkeiten, die notwendige Disziplin der Schüler/innen im Klassenzimmer aufrechtzuerhalten bzw. sich gegenüber einzelnen Schüler/innen (vor allem sind das häufig störende Jungen) durchzusetzen. Insofern sind unerwünschte, beeinträchtigende Störungen mehr oder weniger alltäglich.

Erster Schritt Der erste Schritt ist der diagnostische Blick auf die Unterrichtsstörung und die Einschätzung der Relevanz. Mit Scheinstörungen (die sich im Interaktionsprozess dann als Nicht-Störung herausstellen) und Bagatellstörungen kann anders umgegangen werden als mit gravierenden Störungen oder regelrechten Notfällen.

Die Übersicht auf der nächsten Doppelseite zeigt, wie vielfältig die Interventionsmöglichkeiten bei Unterrichtsstörungen sein können. Nach unserer Erfahrung wird diese Bandbreite nur selten ausgeschöpft, sondern es kommen immer wieder einige Strategien zum Einsatz:

+ Sehr verbreitet ist noch immer, unerwünschtes Verhalten besonders mit Beachtung zu würdigen, während erwünschtes Verhalten häufig weniger beachtet und gewürdigt wird. Der Effekt ist mitunter ein Teufelskreis: Störende Schüler/innen erfahren so, dass sie stören müssen, um beachtet zu werden. Und jeder einzelne Konflikt mit der Lehrerin bzw. dem Lehrer, jede Ermahnung, ja sogar jeder Klassenbucheintrag oder Verweis ist ein Schritt weiter in diesen Teufelskreis.

+ Häufig lässt sich auch beobachten, dass die störenden Schüler/innen mehrmals ermahnt werden, dann ihnen gedroht wird, ohne diese Drohung auch wahrzumachen. Die Schüler/innen haben ein gutes Gespür dafür, was sie sich bei welchen Lehrer/innen erlauben können, wie der jeweilige Lehrer bei bestimmten Störungen reagiert oder was ihnen im Übertretungsfalle droht. Auch hier ist es unseres Erachtens hilfreich, der Klasse ein gestuftes und verlässliches Instrumentarium vorzustellen, wie Unterrichtsstörungen geahndet werden.

Interventionsmöglichkeiten bei Unterrichtsstörungen

Interventionsbereich	Ziel	mögliche Interventionen
unerwünschtes Verhalten hemmen	Entzug von Bekräftigung	+ Ignorieren + Stoppen + Im-Keim-Ersticken + Kritik + Entzug von Vergünstigung
negative Anregungen mindern	Auslöser vermeiden	+ unangenehme Erfahrungen vermeiden + Modellverhalten + Unterrichtsorganisation + Vermeiden von Unter- bzw. Überforderung + Abstimmung der sozialen Ordnung
positive Anregungen anbieten	mit Störung unvereinbares Schülerverhalten anregen	+ Sachmotivierung + Abwechslung + Struktur geben + Modellverhalten + Ermutigung + Lob + Humor + Empathie

Interventionsmöglichkeiten bei Unterrichtsstörungen

erwünschtes Verhalten fördern	Bekräftigung gewünschten Verhaltens	+ Belohnung + Regelsystem + Streitschlichtung + Metakommunikation
persönliche Bewertung und Sichtweisen verändern	langfristige Veränderung der Grundeinstellung	+ Störung entdramatisiere + Resignation überwinde + Beziehung suchen + Schuldzuschreibungen vermeiden + eigene Gefühle und Bedürfnisse akzeptieren

Was können Lehrer/innen aber mit jenen Schüler/innen tun, die dauerhaft den Unterricht so stören, dass nicht nur der Lehrer, sondern auch die Mitschüler/innen und der ganze Unterricht darunter leiden? In einigen Schulen hat man hier innovative Wege beschritten, z. B. die pädagogische Verhaltensmodifikation oder Trainingsraum-Modelle.

Pädagogische Verhaltensmodifikation (Rost 2001) ist ein Sammelbegriff für lernpsychologisch orientierte Methoden zur gezielten Beeinflussung von Verhaltensweisen im pädagogischen Feld durch systematische Veränderungen situativer Rahmenbedingungen und Verhaltenskonsequenzen sowie durch Verhaltensmodelle. Jedes Verhalten – »unerwünschtes« bzw. »erwünschtes« – wird zu wesentlichen Teilen als gelernt angenommen. Bei der pädagogischen Verhaltensmodifikation wird konsequent nach den Methoden des Bekräftigungslernens verfahren. Dieses Konzept hat das Ziel, das Verhalten der Schüler/innen im Hinblick auf ein gemeinsam definiertes Ziel mithilfe von positiven Verstärkern zu verändern. Diese Verstärker können vieles sein: ein einfaches Lob, ein Hausaufgaben-Gutschein, eine gute Note, Lobes-Briefe an die Eltern, Preise, vielleicht ein Eis oder ein gutes Buch. Der Fantasie sind keine Grenzen gesetzt. Wichtig ist, mit dem betreffenden Schüler eine klare Abmachung zu treffen, die er realistischerweise auch erfüllen kann und die für ihn eine Aussicht bietet, sein Verhalten zu verändern. Der Lehrer belohnt ihn immer dann mit einem Punkt (»Token«), wenn er ein erwünschtes Verhalten zeigt, wenn er sich meldet, einen guten Beitrag bringt, die Hausaufgaben macht, andere ausreden lässt oder auch nur eine Zeit lang nicht den Unterricht gestört hat. Wenn er einige Punkte gesammelt hat, kann er den Gutschein einlösen. Es ist erstaunlich, wie selbst ältere Schüler/innen auf Lob und positive Verstärker reagieren.

Andere Schulen arbeiten mit dem Trainingsraum-Modell (Bründel/Simon 2007) bzw. dem »Arizona-Modell«. Hier schafft die Schule quasi eine betreute Auffangstation für Schüler/innen, die so nachhaltig den Unterricht stören, dass die Lehrerin bzw. der Lehrer sie aus dem Unterricht entfernen muss. Im Trainingsraum wird die Störung einerseits reflektiert und bearbeitet, andererseits soll der Schüler alternative Handlungsschemata für die reale Unterrichtssituation kennenlernen und schrittweise eintrainieren. Der Vorteil ist hier, dass die anderen Schüler/innen der Klasse in Ruhe weiterlernen können, der Nachteil ist der erhöhte Raum- und Personalaufwand.

Quellen und weiterführende Literatur

→ Becker, Georg E. (2008): Unterricht durchführen. Weinheim/Basel: Beltz.

→ Becker, Georg E./Kohler, Britta (2002): Hausaufgaben. Kritisch sehen und die Praxis sinnvoll gestalten. Weinheim und Basel: Beltz.

→ Bründel, Heidrun/Simon, Erika (2007): Die Trainingsraum-Methode. Unterrichtsstörungen – klare Regeln, klare Konsequenzen. Weinheim und Basel: Beltz.

→ Grell, Jochen/Grell, Monika (2005): Unterrichtsrezepte. Weinheim und Basel: Beltz.

→ Heidemann, Rudolf (2007): Körpersprache im Unterricht. Ein Ratgeber für Lehrende. Wiesbaden: Quelle & Meyer.

→ Humpert, Winfried/Dann, Hanns-Dietrich (2001): KTM kompakt. Basistraining zur Störungsreduktion und Gewaltprävention für pädagogische und helfende Berufe. Bern: Hans Huber.

→ Miller, Reinhold (2007): Lehrer lernen. Ein pädagogisches Arbeitsbuch. 4. Auflage. Weinheim und Basel: Beltz.

→ Molcho, Samy (2006): Körpersprache. München: Goldmann.

→ Nolting, H.-P. (2007): Störungen in der Schulklasse. Ein Leitfaden zur Vorbeugung und Konfliktlösung. Weinheim/Basel: Beltz.

→ Pallasch, Waldemar/Zopf, Dietmar (2000): Methodix. 250 Übungen für den Unterrichtsalltag. Weinheim/Basel: Beltz.

→ Rost, D. H. (2001): Pädagogische Verhaltensmodifikation. In: Rost D. H. (Hrsg.): Handwörterbuch Pädagogische Psychologie. Weinheim: Psychologie Verlags Union, S. 512–520

→ Schulz von Thun, F. (1998): Miteinander reden. 3 Bände. Reinbek: Rowohlt.

→ Winkel, R. (2009): Der gestörte Unterricht. Diagnostische und therapeutische Möglichkeiten. Baltmannsweiler: Schneider Hohengehren.

→ Watzlawick, Paul/Beavin, Janet H./Jackson, Don D. (2007): Menschliche Kommunikation. Formen, Störungen, Paradoxien. Bern: Hans Huber.

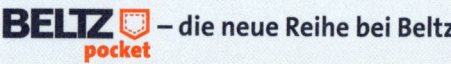